# 新通達対応

## 所有タイプ別 相続税・マンション評価の実務

税理士
### 今仲 清 [著]

ぎょうせい

# はじめに

　タワーマンションや一棟売り賃貸居住用投資マンションの市場価格と相続税評価額との開差を利用した相続税額引下げ対策は古くから行われています。これらの評価額の開差は市場価格100に対して相続税評価額が20前後という例が珍しくありません。

　これを利用して被相続人が2棟の投資用マンション総額13億8,700万円を自己資金と借入金10億5,500万円で取得し、被相続人死亡後に相続人は財産評価基本通達の定めに従って評価した投資用マンションの評価額約3億3,370万円を含む財産総額約10億156万円、債務約9億9,706万円とし、相続税額ゼロとしていました。

　これに対し課税処分庁はこれらの投資用マンションを鑑定評価に基づいて評価し、相続税の総額を約2億4,049万円として更正処分をしました。納税者はこれを不服として裁判に及びましたが、令和4年4月19日最高裁判所は納税者敗訴とする判決を下しました。

　この判決は大きな反響を呼びましたが、①相続税の負担が著しく減額されること(軽減される相続税の額やその割合を総合的に考慮)②租税負担の軽減を意図して行われたものであること（意図の存否は不動産の購入時期、購入原資、利用状況等の事情を総合的に考慮）によって鑑定評価による課税が認められるかどうかを判断することが明らかにされました。

　また、通達評価額と鑑定評価額との間に大きな乖離があることについて、「本来、評価通達の見直し等によって解消されるべきものといえる」と判決文に対する最高裁判所調査官のコメントで明らかにしています。最高裁判決等を受けて国税庁は令和5年1月に有識者会議を設置し、マンションの相続税評価について市場価格との乖

離の実態を踏まえた上で適正化を検討してきました。令和5年7月から8月にかけて「居住用の区分所有財産の評価について」の評価見直し案についてパブリックコメントで意見募集が行われ、同年10月6日に改正通達が公表されました。

　改正通達は令和6年1月1日から適用されることが明らかにされ、同日以降の居住用の区分所有登記されたマンションの評価においては本通達によって評価することになります。試算によると従来の評価額と比較して1.5倍から2.5倍程度となり評価額が上昇することになります。タワーマンションの高層階などにおいては2.5倍近くに上昇することもあります。もっとも市場価格と比較すれば半額程度にとどまることが多いようです。

　本書では、分譲マンションの相続税評価額の評価方法について基本から解説するとともに、改正後の評価方法を実際のデータを利用しながら解説しました。分譲マンションには、大きな敷地に複数のマンションが建築され、その敷地には道路や公園など公共公益的施設が設けられている例もあります。「広大地の評価」の規定があったときにはこれらの公共公益的施設用地を除外してマンション敷地の計算をすることが通常でしたが、「広大地の評価」が廃止されて「地積規模の大きな宅地の評価」に改正されてからは、原則として控除しないこととされています。もっとも容積率400％（東京都特別区は300％）以上の場合などは控除できるケースもあります。

　本書が実務家の皆様の評価業務に活用していただければ幸甚です。

令和5年10月

今　仲　　　清

# 目　次

はじめに

## 第3章｜新マンション評価方法

## 第4章｜ケース別　新マンション評価の影響

## 第5章｜区分所有マンションの固定資産税評価

## 資　料　編

# 第1章 投資用不動産による節税と最高裁判決

# 投資用不動産節税に対する
# 最高裁令和4年4月19日判決

## ❶ 高額投資用不動産による相続税額引下げ対策

　高額の投資用不動産を取得すると取得価額と相続税評価額に大きな乖離があることはよく知られています。多額の資産を所有している高齢者が、自身が死亡した際に課税される相続税を軽減するためにこの評価差額を利用して、高額の投資用不動産を購入する相続税額軽減対策は広く行われているのが実情です。

　東京を中心とする都心部のいわゆるタワーマンションの高層階物件は、海外からの投資物件としての人気も高く、中古物件も高騰を続けています。これらを取得して取得価額と相続税評価額の開差を利用して相続税額を軽減した上で、相続発生後に財産を取得した相続人が時期を見計らって取得価額以上で売却することができれば、相続税の節税効果とキャピタルゲインのダブル効果を得ることができます。

## ❷ 最高裁判決の事案の概要

　令和4年4月19日の最高裁判所の判決の対象となった事案は、物件1を平成21年1月に約8億3,700万円で購入し、平成25年3月の申告時には財産評価基本通達による評価額である約2億円で申告していますが課税庁側は鑑定評価額約7億5,400万円で評価すべきだとしました。通達評価額は鑑定評価額の約26.5%となっています。物件2では平成21年12月に約5億5,000万円で購入し、平成25年3月の申告時には通達評価額約1億3,300万円で申告していますが課税庁側の鑑定評価額は約5億1,900万円と鑑定評価額の約25.6%となっ

ています。結果として通達評価額と鑑定評価額との間に約9億4,000万円もの乖離が生じ、この差額が財産総額から差し引かれることとなり基礎控除後で相続税額がゼロとしていました。

図表1-1　令和4年4月19日の最高裁判所の判決の事案

| | 物件1 | 物件2 |
|---|---|---|
| 購入価格 | 約8億3,700万円<br>（平成21年1月購入） | 約5億5,000万円<br>（平成21年12月購入） |
| 通達評価額 | 約2億円<br>（平成25年3月申告） | 約1億3,300万円<br>（平成25年3月申告） |
| 鑑定評価額 | 約7億5,400万円 | 約5億1,900万円 |
| 通達評価額と<br>鑑定評価額の差額 | 5億5,400万円 | 3億8,600万円 |

## ③ 納税者の主張

　納税者は、評価通達6項の「この通達の定めによって評価することが著しく不適当と認められる財産の価額は国税庁長官の指示を受けて評価する」との制定趣旨は、対象財産について想定外の時価の下落事情が事後的に生じた場合の救済にあり、本件への適用は制度趣旨に反すると主張していました。また、評価通達の定めによらず評価する要件である、いわゆる「特別の事情」に該当する評価根拠事実を納税者にとっても特定できる程度の一般化した判断基準が示されておらず、評価通達6項の適用は時価評価の法的安定性を害し、租税法律主義に反するなどと主張していました。

　しかし、最高裁判所はこれらの主張を排除して納税者敗訴の判決を言い渡しました。

# 1-2 最高裁判決と総則6項

## 相続財産の評価が時価による

　もともと相続税を計算するときの財産の価額は時価によることとされています。しかし、時価は一律ではありませんので、平等に課税するには一定の評価方法によることが現実的です。そこで国税庁は財産評価基本通達で評価の方法を具体的に定めて、これによって計算した場合には時価であるとして課税しています。

　これに対して判決では「相続税法22条は、相続等により取得した財産の価額を当該財産の取得の時における時価によるとするが、ここにいう時価とは当該財産の客観的な交換価値をいうものと解される。そして、評価通達は、上記の意味における時価の評価方法を定めたものであるが、上級行政機関が下級行政機関の職務権限の行使を指揮するために発した通達にすぎず、これが国民に対し直接の法的効力を有するというべき根拠は見当たらない。そうすると、相続税の課税価格に算入される財産の価額は、<u>当該財産の取得の時における客観的な交換価値としての時価を上回らない限り、同条に違反するものではなく、このことは、当該価額が評価通達の定める方法により評価した価額を上回るか否かによって左右されない</u>というべきである。」としています。

　ここでは財産評価基本通達による評価より高い価額で評価しても客観的な交換価値である時価を上回らない限りは適法だといっています。

## ② 課税は平等に行わなければならない

それでは課税庁が相続税の課税をするときの不動産の評価において、ある人には財産評価基本通達で評価し、ある人には鑑定評価額で行うことをしていいのでしょうか。この判決においても「租税法上の一般原則としての平等原則は、租税法の適用に関し、同様の状況にあるものは同様に取り扱われることを要求するもの」としています。その上で「評価通達は相続財産の価額の評価の一般的な方法を定めたものであり、課税庁がこれに従って画一的に評価を行っていることは公知の事実であるから、課税庁が、特定の者の相続財産の価額についてのみ評価通達の定める方法により評価した価額を上回る価額によるものとすることは、たとえ当該価額が客観的な交換価値としての時価を上回らないとしても、合理的な理由がない限り、上記の平等原則に違反するものとして違法というべきである」としています。であるにもかかわらず最高裁判所はこの事例については財産評価基本通達ではなく鑑定評価額で課税しても「合理的な理由」があれば平等原則に反していないとしています。

## ③ 合理的な理由があれば平等原則に反しない

判決文では次のように「評価通達の定める方法による画一的な評価を行うことが実質的な租税負担の公平に反するというべき事情がある場合」には合理的な理由があるとして、平等原則に反しないとしています。

「相続税の課税価格に算入される財産の価額について、評価通達の定める方法による画一的な評価を行うことが実質的な租税負担の公平に反するというべき事情がある場合には、合理的な理由があると認められるから、当該財産の価額を評価通達の定める方法により

評価した価額を上回る価額によるものとすることが上記の平等原則に違反するものではないと解するのが相当である。」

　この事案では「評価通達の定める方法による画一的な評価を行うことが実質的な租税負担の公平に反するというべき事情がある場合」に該当するため、鑑定評価による課税は妥当であるとしています。その事情は次のように判断しています。

## ④ 実質的な租税負担の公平に反するというべき事情

　鑑定評価による課税が実質的な租税負担の公平に反しないこととされた事由として次の二つを指摘しています。

---

　①　相続税の負担が著しく軽減されること
　　➡この事案では投資用不動産を取得することにより相続税額が2億4,049万8,600円からゼロになった
　②　相続税の負担を減じ又は免れさせるものであることを知り、かつ、これを期待して、購入・借入れを企画して実行
　　➡この事案では融資を受けた金融機関の内部稟議書に相続税対策による取得であると記載し、また相続人がそのための取得であることを明言している

---

　①と②の両方に該当していると鑑定評価すべき要件を満たしていると考えられます。なお、この部分の判決文は次の通りです。

　「本件購入・借入れが行われなければ本件相続に係る課税価格の合計額は6億円を超えるものであったにもかかわらず、これが行われたことにより、本件各不動産の価額を評価通達の定める方法により評価すると、課税価格の合計額は2,826万1,000円にとどまり、基礎控除の結果、相続税の総額が0円になるというのであるから、上

告人らの相続税の負担は著しく軽減されることになるというべきである。そして、被相続人及び上告人らは、本件購入・借入れが近い将来発生することが予想される被相続人からの相続において上告人らの相続税の負担を減じ又は免れさせるものであることを知り、かつ、これを期待して、あえて本件購入・借入れを企画して実行したというのであるから、租税負担の軽減をも意図してこれを行ったものといえる。そうすると、本件各不動産の価額について評価通達の定める方法による画一的な評価を行うことは、本件購入・借入れのような行為をせず、又はすることのできない他の納税者と上告人らとの間に看過し難い不均衡を生じさせ、実質的な租税負担の公平に反するというべきであるから、上記事情があるものということができる。」

# 1-3 総則6項は投資用不動産節税に今後も適用される

## 1 マンションの建物と敷地に適用される新通達

　後で詳しく解説する令和6年1月1日以後の相続・贈与から適用される「居住用区分所有財産の評価について」による財産評価は、区分所有登記されている居住用区分所有財産に適用され、それ以外の投資用不動産には適用されません。

　区分所有登記されていない1棟売り居住用賃貸マンションやフロア売りの事務所用賃貸ビル、賃貸用商業ビル、賃貸用ホテル施設などは従来と同様の財産評価基本通達がそのまま適用されます。しかし、通達評価額と市場価格との開差を利用した投資用不動産取得による相続税額引下げ対策を行った場合には、令和4年4月19日の最高裁判所の判決による取扱いが行われる可能性があります。

## 2 総則6項の適用対象となるかどうかの判定基準

　居住用区分所有登記されたマンションの評価においては新通達が適用されるため、通常の取引金額の60%程度の評価が通常となると考えられますが、それ以外の投資用不動産所得の場合には、通常の取引金額の20%から30%程度の評価によることが可能な状況が継続すると考えられます。これを利用した相続税対策の場合、最高裁判所判決に沿った総則6項による否認がある可能性があります。そこで、その判定基準について考えてみましょう。

(1)　最高裁判所判決で明確になっている基準
①　相続税の負担が著しく軽減されること

② 相続税の負担を減じまたは免れさせるものであることを知り、かつ、これを期待して、購入・借入れを企画して実行

③ 不動産の購入時期、購入原資、利用状況等の事情を総合的に考慮

## (2) 課税庁が基準とすると考えられる項目

① 相続開始前3年前後の投資用不動産の取得

② 相続開始後3年前後の投資用不動産の売却

　(1)①の相続税の負担が「著しく」軽減されることの、「著しく」は常識的には投資用不動産を取得しなかった場合の本来負担すべき相続税額が、取得することによって半額以下になることが想定されます。もちろんその前に「軽減される相続税の額やその割合が総合的に考慮されるものと思われ」ます。もともとの相続税額が相当な額でなければ総則6項の対象となることはないでしょう。

　(1)②の「相続税の負担を減じまたは免れさせるものであることを知り、かつ、これを期待して、購入・借入れを企画して実行」については、前段部分は投資用不動産の相続対策による取得そのものを指しており、これのみでは適用できないと思われます。最高裁判所の事例では金融機関の内部稟議書に相続税対策による借入・取得である旨の記載があったことが一つの根拠とされています。

　(1)③の「不動産の購入時期、購入原資、利用状況等の事情を総合的に考慮」については、最高裁判所調査官が下級審の審理においてこれらを総合的に判断する必要があるとしています。

## 1-4　総則6項の判断基準を精査する

### ❶　最高裁判所調査官による判決文の精査

　令和4年4月19日最高裁判決文に対して令和4年7月に公表された最高裁判所調査官のコメントから今後の総則6項の今後の実務に与える影響を検討しましょう。

### ❷　判決は総則6項の適用の判断ではない

　判決文で「評価通達は、……時価の評価方法を定めたものであるが、上級行政機関が下級行政機関の職務権限の行使を指揮するために発した通達に過ぎず、これが国民に対し直接の法的効力を有するというべき根拠は見当たらない。」とし通達に法的効力がないことを確認しています。

　調査官のコメントでは、「課税処分の適法性は、あくまでも法令に照らして判断されるべきであり、通達の解釈から結論が導かれるのではない。本判決が評価通達6の意味内容について何ら触れるところがないのも、そのためであると考えられる。」として、総則6項の「著しく不適当と認められる」場合に当たるか否かの判断ではないことを明確にしています。とはいえ、課税庁の実務では総則6項によって相続税額が著しく減額されている場合における鑑定評価額による課税を行うことになります。

### ❸　相続税の負担の著しい軽減

　調査官によるコメントでは「具体的な租税負担の軽減の程度につき形式的な基準を示していないが（このような基準をあらかじめ設

定することは理論的に困難である）軽減される相続税の額やその割合が総合的に考慮されるものと思われる。」としています。

判決文にあるように「相続税の負担が著しく軽減される」と判断するには、本件のように鑑定評価額によって計算した相続税額が2億4,049万円となるような高額案件であり、かつ、財産評価基本通達評価額による相続税額がゼロになる場合は当然のことながら、著しい減額になる場合といえます。著しい軽減とは通常負担すべき税額が半額以下になった場合を指すと考えられます。また、相続税額が数千万円のものまで一々国税局長の承認を得て国税庁長官の決済を受けて総則6項の適用を申請することは考えにくいといえるでしょう。

**④ 租税負担の軽減をも意図して行われた**

調査官のコメントでは「本件判決は、原審の認定事実に基づき、本件購入・借入れが租税負担の軽減をも意図したものといえるとしたが、裁判所は、<u>当該不動産の購入時期、購入原資、利用状況等の事情を総合的に考慮してその存否を認定</u>することになろう」としています。

同様の行為は実際に多く存在しているものと考えられますが、不動産購入から相続開始までの時期が長期に及ぶ場合、自己資金によって取得していた場合、所有期間中収益が確実に確保されていた場合などは、総合的に判断して租税負担の軽減をも意図していたと判断されない可能性があります。

**⑤ 租税回避行為の否認ではない**

調査官のコメントでは「なお、ここで問題となっているのは、時価に係る事実の（平等な）認定であり、いわゆる租税回避行為の否

認ではない。本判決が、上記の判断にあたり、否認の根拠規定の有無や本件購入・借入れの経済的合理性等を問題としていないのは、そのためであると考えられる。」としています。

　相続税額の軽減のために不動産を取得している事例は多く存在しますが、そのこと自体が租税回避行為として問題となることはなく、あくまでも①相続税が著しく軽減されることを前提に②租税負担の軽減をも意図して行われたことに当たる場合には「実質的な租税負担の公平に反するというべき事情」があるとして財産評価基本通達による評価額ではなく「時価」によって評価して相続税の申告が必要となるのです。

図表1-4 総則6項適用可否フローチャート

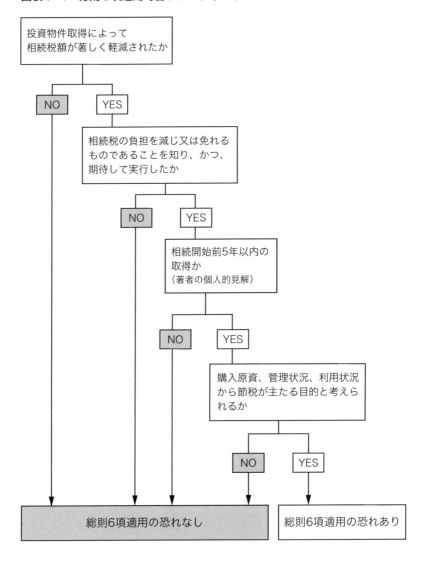

## ○相続税更正処分等取消請求事件

最高裁判所第三小法廷令和4年4月19日判決【上告棄却】

令和2年（行ヒ）第283号

原　審・東京高等裁判所令和2年6月24日令和元年（行コ）第239号

第1審・東京地方裁判所令和元年8月27日平成29年（行ウ）第539号

判　示

1　相続税の課税価格に算入される財産の価額を財産評価基本通達の定める方法により評価した価額を上回る価額によるものとすることが租税法上の一般原則としての平等原則に違反しない場合

2　相続税の課税価格に算入される不動産の価額を財産評価基本通達の定める方法により評価した価額を上回る価額によるものとすることが租税法上の一般原則としての平等原則に違反しないとされた事例

判決要旨

1　相続税の課税価格に算入される財産の価額について、財産評価基本通達の定める方法による画一的な評価を行うことが実質的な租税負担の公平に反するというべき事情がある場合には、当該財産の価額を上記通達の定める方法により評価した価額を上回る価額によるものとすることは租税法上の一般原則としての平等原則に違反しない。

2　相続税の課税価格に算入される不動産の価額を財産評価基本通達の定める方法により評価した価額を上回る価額によるものとすることは、次の⑴、⑵など判示の事情の下においては、租税法上の一般原則としての平等原則に違反しない。

　⑴　当該不動産は、被相続人が購入資金を借り入れた上で購入し

たものであるところ、上記の購入及び借入れが行われなければ被相続人の相続に係る課税価格の合計額は6億円を超えるものであったにもかかわらず、これが行われたことにより、当該不動産の価額を上記通達の定める方法により評価すると、課税価格の合計額は2826万1000円にとどまり、基礎控除の結果、相続税の総額が0円になる。

(2) 被相続人及び共同相続人であるXらは、上記(1)の購入及び借入れが近い将来発生することが予想される被相続人からの相続においてXらの相続税の負担を減じ又は免れさせるものであることを知り、かつ、これを期待して、あえて当該購入及び借入れを企画して実行した。

令和2年（行ヒ）第283号　相続税更正処分等取消請求事件

令和4年4月19日　第三小法廷判決

主　　文

本件上告を棄却する。

上告費用は上告人らの負担とする。

理　　由

上告代理人増田英敏、上告復代理人大山勉、上告補佐人戸井敏夫の上告受理申立て理由について

1　本件は、共同相続人である上告人らが、相続財産である不動産の一部について、財産評価基本通達（昭和39年4月25日付け直資56、直審（資）17国税庁長官通達。以下「評価通達」という。）の定める方法により価額を評価して相続税の申告をしたところ、札幌南税務署長から、当該不動産の価額は評価通達の定めによって評価することが著しく不適当と認められるから別途実施した鑑定による評価額をもって評価すべきであるとして、それぞれ更正処分（以下「本件各更正処分」という。）及び過少申告加算税の賦課決定処分（以下「本件各賦課決定処分」という。）を受けたため、被上告人を相手に、これらの取消しを求める事案である。

2　原審の適法に確定した事実関係等の概要は、次のとおりである。

(1)　相続税法22条は、同法第3章で特別の定めのあるものを除くほか、相続等により取得した財産の価額は当該財産の取得の時における時価により、当該財産の価額から控除すべき債務の金額はその時の現況による旨を規定する。

(2)　評価通達1は、時価とは課税時期（相続等により財産を取得した日等）においてそれぞれの財産の現況に応じ不特定多数の

当事者間で自由な取引が行われる場合に通常成立すると認められる価額をいい、その価額は評価通達の定めによって評価した価額による旨を定める。他方、評価通達6は、評価通達の定めによって評価することが著しく不適当と認められる財産の価額は国税庁長官の指示を受けて評価する旨を定める。

(3) A（以下「被相続人」という。）は、平成24年6月17日に94歳で死亡し、上告人らほか2名（以下「共同相続人ら」という。）がその財産を相続により取得した（以下、この相続を「本件相続」という。）。

　被相続人の相続財産には、第1審判決別表1記載の土地及び同別表2記載の建物（以下、併せて「本件甲不動産」という。）並びに同別表3記載の土地及び建物（以下、併せて「本件乙不動産」といい、本件甲不動産と併せて「本件各不動産」という。）が含まれていたところ、これらについては、被相続人の遺言に従って、上告人らのうちの1名が取得した。なお、同人は、平成25年3月7日付けで、本件乙不動産を代金5億1500万円で第三者に売却した。

(4) 本件各不動産が被相続人の相続財産に含まれるに至った経緯等は、次のとおりである。

　ア　被相続人は、平成21年1月30日付けで信託銀行から6億3000万円を借り入れた上、同日付けで本件甲不動産を代金8億3700万円で購入した。

　イ　被相続人は、平成21年12月21日付けで共同相続人らのうちの1名から4700万円を借り入れ、同月25日付けで信託銀行から3億7800万円を借り入れた上、同日付けで本件乙不動産を代金5億5000万円で購入した。

　ウ　被相続人及び上告人らは、上記ア及びイの本件各不動産の購入及びその購入資金の借入れ（以下、併せて「本件購入・

借入れ」という。）を、被相続人及びその経営していた会社
の事業承継の過程の一つと位置付けつつも、本件購入・借入
れが近い将来発生することが予想される被相続人からの相続
において上告人らの相続税の負担を減じ又は免れさせるもの
であることを知り、かつ、これを期待して、あえて企画して
実行したものである。

　　エ　本件購入・借入れがなかったとすれば、本件相続に係る相
　　　　続税の課税価格の合計額は6億円を超えるものであった。

(5)　本件各更正処分及び本件各賦課決定処分の経緯は、次のとお
　　りである。

　　ア　上告人らは、本件相続につき、評価通達の定める方法によ
　　　　り、本件甲不動産の価額を合計2億0004万1474円、本件乙不
　　　　動産の価額を合計1億3366万4767円と評価した上（以下、こ
　　　　れらの価額を併せて「本件各通達評価額」という。）、平成25
　　　　年3月11日、札幌南税務署長に対し、本件各通達評価額を記
　　　　載した相続税の申告書を提出した。上記申告書においては、
　　　　課税価格の合計額は2826万1000円とされ、基礎控除の結果、
　　　　相続税の総額は0円とされていた。

　　イ　国税庁長官は、札幌国税局長からの上申を受け、平成28年
　　　　3月10日付けで、同国税局長に対し、本件各不動産の価額に
　　　　つき、評価通達6により、評価通達の定める方法によらずに
　　　　他の合理的な方法によって評価することとの指示をした。

　　ウ　札幌南税務署長は、上記指示により、平成28年4月27日
　　　　付けで、上告人らに対し、不動産鑑定士が不動産鑑定評価基
　　　　準により本件相続の開始時における本件各不動産の正常価格
　　　　として算定した鑑定評価額に基づき、本件甲不動産の価額が
　　　　合計7億5400万円、本件乙不動産の価額が合計5億1900万円
　　　　（以下、これらの価額を併せて「本件各鑑定評価額」という。）

であることを前提とする本件各更正処分（本件相続に係る課税価格の合計額を8億8874万9000円、相続税の総額を2億4049万8600円とするもの）及び本件各賦課決定処分をした。

3　原審は、上記事実関係等の下において、本件各不動産の価額については、評価通達の定める方法により評価すると実質的な租税負担の公平を著しく害し不当な結果を招来すると認められるから、他の合理的な方法によって評価することが許されると判断した上で、本件各鑑定評価額は本件各不動産の客観的な交換価値としての時価であると認められるからこれを基礎とする本件各更正処分は適法であり、これを前提とする本件各賦課決定処分も適法であるとした。所論は、原審の上記判断には相続税法22条等の法令の解釈適用を誤った違法があるというものである。

4(1)　相続税法22条は、相続等により取得した財産の価額を当該財産の取得の時における時価によるとするが、ここにいう時価とは当該財産の客観的な交換価値をいうものと解される。そして、評価通達は、上記の意味における時価の評価方法を定めたものであるが、上級行政機関が下級行政機関の職務権限の行使を指揮するために発した通達にすぎず、これが国民に対し直接の法的効力を有するというべき根拠は見当たらない。そうすると、相続税の課税価格に算入される財産の価額は、当該財産の取得の時における客観的な交換価値としての時価を上回らない限り、同条に違反するものではなく、このことは、当該価額が評価通達の定める方法により評価した価額を上回るか否かによって左右されないというべきである。

　そうであるところ、本件各更正処分に係る課税価格に算入された本件各鑑定評価額は、本件各不動産の客観的な交換価値としての時価であると認められるというのであるから、これが本件各通達評価額を上回るからといって、相続税法22条に違反す

るものということはできない。

(2)ア　他方、租税法上の一般原則としての平等原則は、租税法の
適用に関し、同様の状況にあるものは同様に取り扱われるこ
とを要求するものと解される。そして、評価通達は相続財産
の価額の評価の一般的な方法を定めたものであり、課税庁が
これに従って画一的に評価を行っていることは公知の事実で
あるから、課税庁が、特定の者の相続財産の価額についての
み評価通達の定める方法により評価した価額を上回る価額に
よるものとすることは、たとえ当該価額が客観的な交換価値
としての時価を上回らないとしても、合理的な理由がない限
り、上記の平等原則に違反するものとして違法というべきで
ある。もっとも、上記に述べたところに照らせば、<u>相続税の
課税価格に算入される財産の価額について、評価通達の定め
る方法による画一的な評価を行うことが実質的な租税負担の
公平に反するというべき事情がある場合には、合理的な理由
があると認められるから、当該財産の価額を評価通達の定め
る方法により評価した価額を上回る価額によるものとするこ
とが上記の平等原則に違反するものではないと解するのが相
当である。</u>

イ　これを本件各不動産についてみると、本件各通達評価額と
本件各鑑定評価額との間には大きなかい離があるということ
ができるものの、このことをもって上記事情があるというこ
とはできない。

　　もっとも、本件購入・借入れが行われなければ本件相続に
係る課税価格の合計額は6億円を超えるものであったにもか
かわらず、これが行われたことにより、本件各不動産の価額
を評価通達の定める方法により評価すると、課税価格の合計
額は2826万1000円にとどまり、基礎控除の結果、相続税の

総額が0円になるというのであるから、上告人らの相続税の負担は著しく軽減されることになるというべきである。そして、被相続人及び上告人らは、本件購入・借入れが近い将来発生することが予想される被相続人からの相続において上告人らの相続税の負担を減じ又は免れさせるものであることを知り、かつ、これを期待して、あえて本件購入・借入れを企画して実行したというのであるから、租税負担の軽減をも意図してこれを行ったものといえる。そうすると、本件各不動産の価額について評価通達の定める方法による画一的な評価を行うことは、本件購入・借入れのような行為をせず、又はすることのできない他の納税者と上告人らとの間に看過し難い不均衡を生じさせ、実質的な租税負担の公平に反するというべきであるから、上記事情があるものということができる。

ウ　<u>したがって、本件各不動産の価額を評価通達の定める方法により評価した価額を上回る価額によるものとすることが上記の平等原則に違反するということはできない。</u>

5　以上によれば、本件各更正処分において、札幌南税務署長が本件相続に係る相続税の課税価格に算入される本件各不動産の価額を本件各鑑定評価額に基づき評価したことは、適法というべきである。所論の点に関する原審の判断は、以上の趣旨をいうものとして是認することができる。論旨は採用することができない。

よって、裁判官全員一致の意見で、主文のとおり判決する。

（裁判長裁判官　長嶺安政　　裁判官　戸倉三郎　　裁判官　宇賀克也　　裁判官　林　道晴　　裁判官　渡邉惠理子）

# 第2章 マンション評価とその問題点

**2-1　改正前のマンションの評価**

## ❶ 建物は固定資産税評価額で評価

　改正前の財産評価基本通達ではマンションの建物部分の評価は建物の固定資産税評価額をそのまま相続税・贈与税の際の評価額としていました。マンション以外の建物の評価と同じです。建物の固定資産税評価額は、建物の再建築価額を定められた基準価額で算定することとされており、新築分譲マンションについても建物の販売価額に対して20％から50％程度といわれています。

　分譲マンションについては低層階と高層階で同じ占有床面積でも販売価額が高層階ほど高額となっているにもかかわらず、1平方メートル当たりの固定資産税評価額は基本的に同じなのが実情です。なお、マンションの固定資産税評価の詳細については第4章に詳説します。

## ❷ 土地は路線価を基に評価

　土地の評価は、毎年7月1日にその年1月1日現在の全国の道路ごとに設定される路線価図に記載された路線価格をもとに、奥行価格補正、側方路線影響加算、裏面路線影響加算、二方路線影響加算、間口狭小補正、不整形地補正、規模格差補正、などの各種の補正をして計算します。マンションの敷地もこのルールで同様に行います。

　・奥行価格補正率表

　・側方影響加算率表

　・二方路線影響加算率表

　・地積区分表

・不整形地補正率表

・奥行長大補正率表

・規模格差補正率を算定する際の表

図表2-1 土地及び土地の上に存する権利の

① 奥行価格補正率表

| 地区区分<br>奥行距離m | ビル街 | 高度商業 | 繁華街 | 普通商業・<br>併用住宅 | 普通住宅 | 中小工場 | 大工場 |
|---|---|---|---|---|---|---|---|
| 4未満 | 0.80 | 0.90 | 0.90 | 0.90 | 0.90 | 0.85 | 0.85 |
| 4以上 6未満 | | 0.92 | 0.92 | 0.92 | 0.92 | 0.90 | 0.90 |
| 6 〃 8 〃 | 0.84 | 0.94 | 0.95 | 0.95 | 0.95 | 0.93 | 0.93 |
| 8 〃 10 〃 | 0.88 | 0.96 | 0.97 | 0.97 | 0.97 | 0.95 | 0.95 |
| 10 〃 12 〃 | 0.90 | 0.98 | 0.99 | 0.99 | 1.00 | 0.96 | 0.96 |
| 12 〃 14 〃 | 0.91 | 0.99 | 1.00 | 1.00 | | 0.97 | 0.97 |
| 14 〃 16 〃 | 0.92 | 1.00 | | | | 0.98 | 0.98 |
| 16 〃 20 〃 | 0.93 | | | | | 0.99 | 0.99 |
| 20 〃 24 〃 | 0.94 | | | | | 1.00 | 1.00 |
| 24 〃 28 〃 | 0.95 | | | | 0.97 | | |
| 28 〃 32 〃 | 0.96 | | 0.98 | | 0.95 | | |
| 32 〃 36 〃 | 0.97 | | 0.96 | 0.97 | 0.93 | | |
| 36 〃 40 〃 | 0.98 | | 0.94 | 0.95 | 0.92 | | |
| 40 〃 44 〃 | 0.99 | | 0.92 | 0.93 | 0.91 | | |
| 44 〃 48 〃 | 1.00 | | 0.90 | 0.91 | 0.90 | | |
| 48 〃 52 〃 | | 0.99 | 0.88 | 0.89 | 0.89 | | |
| 52 〃 56 〃 | | 0.98 | 0.87 | 0.88 | 0.88 | | |
| 56 〃 60 〃 | | 0.97 | 0.86 | 0.87 | 0.87 | | |
| 60 〃 64 〃 | | 0.96 | 0.85 | 0.86 | 0.86 | 0.99 | |
| 64 〃 68 〃 | | 0.95 | 0.84 | 0.85 | 0.85 | 0.98 | |
| 68 〃 72 〃 | | 0.94 | 0.83 | 0.84 | 0.84 | 0.97 | |
| 72 〃 76 〃 | | 0.93 | 0.82 | 0.83 | 0.83 | 0.96 | |
| 76 〃 80 〃 | | 0.92 | 0.81 | 0.82 | | | |
| 80 〃 84 〃 | | 0.90 | 0.80 | 0.81 | 0.82 | 0.93 | |
| 84 〃 88 〃 | | 0.88 | | 0.80 | | | |
| 88 〃 92 〃 | | 0.86 | | | 0.81 | 0.90 | |
| 92 〃 96 〃 | 0.99 | 0.84 | | | | | |
| 96 〃 100 〃 | 0.97 | 0.82 | | | | | |
| 100 〃 | 0.95 | 0.80 | | | 0.80 | | |

## 評価についての調整率表（平成31年1月分以降用）

② 側方路線影響加算率表

| 地 区 区 分 | 加　　算　　率 | |
|---|---|---|
| | 角地の場合 | 準角地の場合 |
| ビ ル 街 | 0.07 | 0.03 |
| 高度商業、繁華街 | 0.10 | 0.05 |
| 普通商業・併用住宅 | 0.08 | 0.04 |
| 普通住宅、中小工場 | 0.03 | 0.02 |
| 大 工 場 | 0.02 | 0.01 |

③ 二方路線影響加算率表

| 地 区 区 分 | 加算率 |
|---|---|
| ビ ル 街 | 0.03 |
| 高度商業、繁華街 | 0.07 |
| 普通商業・併用住宅 | 0.05 |
| 普通住宅、中小工場 | 0.02 |
| 大 工 場 | 0.02 |

④ 不整形地補正率を算定する際の地積区分表

| 地区区分 ＼ 地積区分 | A | B | C |
|---|---|---|---|
| 高 度 商 業 | 1,000 ㎡未満 | 1,000 ㎡以上 1,500 ㎡未満 | 1,500 ㎡以上 |
| 繁 華 街 | 450 ㎡未満 | 450 ㎡以上 700 ㎡未満 | 700 ㎡以上 |
| 普通商業・併用住宅 | 650 ㎡未満 | 650 ㎡以上 1,000 ㎡未満 | 1,000 ㎡以上 |
| 普 通 住 宅 | 500 ㎡未満 | 500 ㎡以上 750 ㎡未満 | 750 ㎡以上 |
| 中 小 工 場 | 3,500 ㎡未満 | 3,500 ㎡以上 5,000 ㎡未満 | 5,000 ㎡以上 |

⑤ 不整形地補正率表

| かげ地割合 ＼ 地区区分 地積区分 | 高度商業、繁華街、 普通商業・併用住宅、中小工場 | | | 普 通 住 宅 | | |
|---|---|---|---|---|---|---|
| | A | B | C | A | B | C |
| 10%以上 | 0.99 | 0.99 | 1.00 | 0.98 | 0.99 | 0.99 |
| 15% 〃 | 0.98 | 0.99 | 0.99 | 0.96 | 0.98 | 0.99 |
| 20% 〃 | 0.97 | 0.98 | 0.99 | 0.94 | 0.97 | 0.98 |
| 25% 〃 | 0.96 | 0.98 | 0.99 | 0.92 | 0.95 | 0.97 |
| 30% 〃 | 0.94 | 0.97 | 0.98 | 0.90 | 0.93 | 0.96 |
| 35% 〃 | 0.92 | 0.95 | 0.98 | 0.88 | 0.91 | 0.94 |
| 40% 〃 | 0.90 | 0.93 | 0.97 | 0.85 | 0.88 | 0.92 |
| 45% 〃 | 0.87 | 0.91 | 0.95 | 0.82 | 0.85 | 0.90 |
| 50% 〃 | 0.84 | 0.89 | 0.93 | 0.79 | 0.82 | 0.87 |
| 55% 〃 | 0.80 | 0.87 | 0.90 | 0.75 | 0.78 | 0.83 |
| 60% 〃 | 0.76 | 0.84 | 0.86 | 0.70 | 0.73 | 0.78 |
| 65% 〃 | 0.70 | 0.75 | 0.80 | 0.60 | 0.65 | 0.70 |

⑥ 間口狭小補正率表

| 間口距離m ＼ 地区区分 | ビル街 | 高度商業 | 繁華街 | 普通商業・併用住宅 | 普通住宅 | 中小工場 | 大工場 |
|---|---|---|---|---|---|---|---|
| 4未満 | — | 0.85 | 0.90 | 0.90 | 0.90 | 0.80 | 0.80 |
| 4以上6未満 | — | 0.94 | 1.00 | 0.97 | 0.94 | 0.85 | 0.85 |
| 6 〃 8 〃 | — | 0.97 | | 1.00 | 0.97 | 0.90 | 0.90 |
| 8 〃 10 〃 | 0.95 | 1.00 | | | 1.00 | 0.95 | 0.95 |
| 10 〃 16 〃 | 0.97 | | | | | 1.00 | 0.97 |
| 16 〃 22 〃 | 0.98 | | | | | | 0.98 |
| 22 〃 28 〃 | 0.99 | | | | | | 0.99 |
| 28 〃 | 1.00 | | | | | | 1.00 |

⑦ 奥行長大補正率表

| 奥行距離／間口距離 ＼ 地区区分 | ビル街 | 高度商業 | 繁華街 | 普通商業・併用住宅 | 普通住宅 | 中小工場 | 大工場 |
|---|---|---|---|---|---|---|---|
| 2以上3未満 | 1.00 | 1.00 | | | 0.98 | 1.00 | 1.00 |
| 3 〃 4 〃 | | 0.99 | | | 0.96 | 0.99 | |
| 4 〃 5 〃 | | 0.98 | | | 0.94 | 0.98 | |
| 5 〃 6 〃 | | 0.96 | | | 0.92 | 0.96 | |
| 6 〃 7 〃 | | 0.94 | | | 0.90 | 0.94 | |
| 7 〃 8 〃 | | 0.92 | | | | 0.92 | |
| 8 〃 | | 0.90 | | | | 0.90 | |

⑧ 規模格差補正率を算定する際の表

イ 三大都市圏に所在する宅地

| 地区区分<br>地積㎡ 記号 | 普通商業・併用住宅<br>普 通 住 宅<br>Ⓑ | Ⓒ |
|---|---|---|
| 500以上1,000未満 | 0.95 | 25 |
| 1,000 〃 3,000 〃 | 0.90 | 75 |
| 3,000 〃 5,000 〃 | 0.85 | 225 |
| 5,000 〃 | 0.80 | 475 |

ロ 三大都市圏以外の地域に所在する宅地

| 地区区分<br>地積㎡ 記号 | 普通商業・併用住宅<br>普 通 住 宅<br>Ⓑ | Ⓒ |
|---|---|---|
| 1,000以上3,000未満 | 0.90 | 100 |
| 3,000 〃 5,000 〃 | 0.85 | 250 |
| 5,000 〃 | 0.80 | 500 |

⑨ がけ地補正率表

| がけ地の方位<br>がけ地地積<br>総 地 積 | 南 | 東 | 西 | 北 |
|---|---|---|---|---|
| 0.10以上 | 0.96 | 0.95 | 0.94 | 0.93 |
| 0.20 〃 | 0.92 | 0.91 | 0.90 | 0.88 |
| 0.30 〃 | 0.88 | 0.87 | 0.86 | 0.83 |
| 0.40 〃 | 0.85 | 0.84 | 0.82 | 0.78 |
| 0.50 〃 | 0.82 | 0.81 | 0.78 | 0.73 |
| 0.60 〃 | 0.79 | 0.77 | 0.74 | 0.68 |
| 0.70 〃 | 0.76 | 0.74 | 0.70 | 0.63 |
| 0.80 〃 | 0.73 | 0.70 | 0.66 | 0.58 |
| 0.90 〃 | 0.70 | 0.65 | 0.60 | 0.53 |

⑩ 特別警戒区域補正率表

| 特 別 警 戒<br>区 域 の 地 積<br>総 地 積 | 補正率 |
|---|---|
| 0.10以上 | 0.90 |
| 0.40 〃 | 0.80 |
| 0.70 〃 | 0.70 |

**マンション敷地評価の留意点**

 **複数のマンションに設置されている公衆用道路**

　複数の分譲マンションが建設されている場合、マンションとマンションの間にある道路はマンション居住者以外の第三者も通行できる公衆用道路とされている例がほとんどです。これはマンション建設に伴って、市町村が設けている開発要綱に基づく指導によって設置されたものです。

　この公衆用道路の面積部分をマンションの敷地権の評価の際に除外して計算してよいのでしょうか。財産評価基本通達24では「その私道が不特定多数のものの通行の用に供されているときは、その私道は評価しない。」とされています。

**❷ 平成15年以前のマンション敷地の評価では私道を除外**

　平成16年の財産評価基本通達24－4の「広大地の評価」通達への改正前は「マンション用地の評価」というものでした。平成29年に廃止されるまでの「広大地の評価」は、その地域の標準的な宅地の地積に比して著しく広大な宅地で、戸建て住宅用地として開発されることが標準的である宅地の場合には、開発許可を受けるにあたって道路用地や公園用地などの公共公益的施設用地の設置が求められて、いわゆる潰れ地が生ずるため、これを補正するための広大地補正を行うものでした。ところが、広大地補正はマンション敷地には適用することができませんでした。そこで平成16年の改正まで、次のように「マンション用地の評価」の通達が定められていました。

**平成15年以前の24-4（マンション用地の評価）**

「マンションの敷地の用に供されている宅地の価額は、その敷地全体を評価し、その価額にその所有者の共有持分の割合を乗じた金額によって評価する。この場合、そのマンション敷地に公衆化している道路、公園等の施設の用に供されている宅地が含まれていて、建物の専有面積に対する共有持分に応ずる敷地面積が広大となるため、その評価方法により評価することが著しく不適当であると認められる場合には、その公衆化している道路、公園等の施設の用に供されている宅地部分を除外して評価しても差し支えない。また、本件土地はまさにマンションの敷地として利用されていることから広大地の評価は適用できない。」

## ❸ 広大地評価存在時の最高裁判決

　財産評価基本通達24－4の広大地評価が適用されている時代の平成21年の相続事案で、マンション数棟が建設されているときの公衆用道路として使用されている私道の面積を、マンションの敷地を評価する際に除外してよいかどうかについて、平成29年2月28日の最高裁判所判決において次のような判断基準で公衆用道路として使用されている私道の面積を除外すべきであるとしています。

　「宅地の相続税に係る財産の評価における減額の要否及び程度は、指導としての利用に関する建築基準法等の法令上の制約の有無のみならず、当該宅地の位置関係、形状等や道路としての利用状況、これらを踏まえた道路以外の用途への転用の難易等に照らし、当該宅地の客観的交換価値に低下が認められるか否か、また、その低下がどの程度かを考慮して決定する必要があるというべきである。」

##  公園等の施設の用に供されている面積

　平成29年の最高裁判所判決では判決の対象となっていませんが、マンション開発の際に設置された第三者の利用できる公園等の施設の敷地についてはどうでしょう。上記の最高裁判所判決の判断基準はあくまで歩道上空地についてです。そこで参考になるのが、平成15年までの財産評価基本通達24－4「マンション用地の評価」です。この通達は廃止されていますが最高裁判所の判断基準と照らしても次のように公園等の施設の用に供されている敷地部分も除外してよい場合もあります。

## ⑤ 「地積規模の大きな宅地」はマンション敷地にも適用可能

　平成29年からは財産評価基本通達24－4「広大地の評価」が廃止され、同20－2「地積規模の大きな宅地」が新たに設けられました。従来の「広大地の評価」は、個別の土地の形状等とは関係なく面積に比例的に減額するものであるため、社会経済情勢の変化に伴い、広大地の形状によっては、それを加味して決まる取引価額と相続税評価額が乖離する場合が生じていました。また広大地評価の適用要件は、「定性的（相対的）」なものであったことから、広大地に該当するか否かの判断に苦慮するなどの問題が生じていました。そこで、適用要件を地区区分や都市計画法の区域区分等を基にすることによって「定量的（絶対的）」なものとして「地積規模の大きな宅地の評価」として規模格差補正率を適用することとされました。

　「地積規模の大きな宅地の評価」は、次のような判定フローチャートによって適用対象を判定します。マンション敷地においてもこの適用要件を満たせば規模格差補正率を適用できます。規模格差補正率の適用をするということは一定の場合を除いて道路、公園などの

公共公益的施設用地としての潰れ地を差し引いて計算することとなります。よって、規模格差補正率を適用する場合には道路、公園等の面積を控除せずに評価することとなります。

**図表2-2 「地積規模の大きな宅地の評価」の適用対象の判定フローチャート**

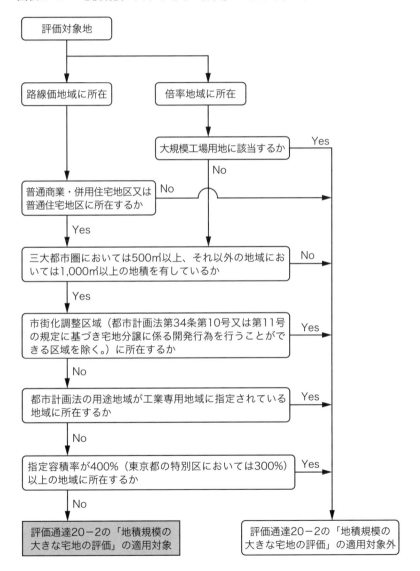

## *6* 規模格差補正率の計算方法

「地積規模の大きな宅地の評価」は、その土地が面している路線に付されている路線価に、側方加算・二方加算・三方四方加算・奥行価格補正・不整形地補正（補正率の上限は0.6）を行ってその土地の評価額を計算し、さらに次の算式で計算した規模格差補正率を乗じて計算します。なお、無道路地の場合には、「規模格差補正率」を乗じた後の価額の100分の40の範囲内で補正します。

$$\text{規模格差補正率} = \frac{Ⓐ \times Ⓑ + Ⓒ}{\text{地積規模の大きな宅地の地積（Ⓐ）}} \times 0.8$$

※小数点第2位未満切り捨て

### 三大都市圏に所在する宅地

| 地積 | Ⓑ | Ⓒ |
|---|---|---|
| 500㎡ 以上 1,000㎡ 未満 | 0.95 | 25 |
| 1,000㎡ 以上 3,000㎡ 未満 | 0.90 | 75 |
| 3,000㎡ 以上 5,000㎡ 未満 | 0.85 | 225 |
| 5,000㎡ 以上 | 0.80 | 475 |

### 三大都市圏以外に所在する宅地

| 地積 | Ⓑ | Ⓒ |
|---|---|---|
| 1,000㎡ 以上 3,000㎡ 未満 | 0.90 | 100 |
| 3,000㎡ 以上 5,000㎡ 未満 | 0.85 | 250 |
| 5,000㎡ 以上 | 0.80 | 500 |

## *7* マンション敷地評価で道路・公園等面積を控除する場合

指定容積率が400%（東京都特別区は300%）以上の地域に指定するなど、「地積規模の大きな宅地の評価」の適用をできない地域のマンションの評価においては、その敷地面積から道路、公園などの公共公益的施設用地としての潰れ地を差し引いて計算することになります。

# 8 公開空地がある場合

　市町村の開発要綱などでマンションの建設において公開空地の設定が義務付けられている場合があります。建築基準法59条の2第一項（敷地内に広い空地を有する建築物の容積率等の特例）に規定する「総合設計制度」により容積率の割り増しを受けて建物を建築する場合に、いわゆる公開空地を設けることが許可の基準となっています。この公開空地については、建築基準法上の容積率や建ぺい率の計算に当たっても、その宅地を含めて計算されるものであるため、面積から控除しないで評価することとなります。

## 改正前の評価額と市場価格の乖離実態

 **マンションの相続税評価額と市場価格の乖離は2.34倍**

　令和5年6月30日に国税庁から報道発表資料として「マンション
の相続税評価額と市場価格の乖離率の推移」のグラフが公表されま
した。この報道発表資料は国税庁が設置した「マンションに係る財
産評価基本通達に関する有識者会議」からの意見を踏まえて公表さ
れています。

　このグラフは平成25年から平成30年中に行われた取引について、
国税庁がサンプル調査をしたうえで、不動産移転登記情報と所得税
の確定申告データを突合して数値化したものだとされています。

　所得税の確定申告データを基にしているのですから、所有してい
た分譲マンションを譲渡して譲渡益が出たため確定された物件の譲
渡価額が把握できます。その物件の財産評価基本通達による相続税
評価額を計算して譲渡価額を相続税評価額で除して乖離率を計算し
たわけです。

　その乖離率が平成25年では1.75倍であったものが、平成27年に
は2倍に、平成29年には2.4倍になり、平成30年は少し下がって2.34
倍であったという結果です。その後も東京を中心とする分譲マン
ションの中古価額は上昇しているため、乖離率は上昇していると考
えられます。

図表2-3-1　マンションの相続税評価額と市場価格の乖離率の推移（全国：平均値）

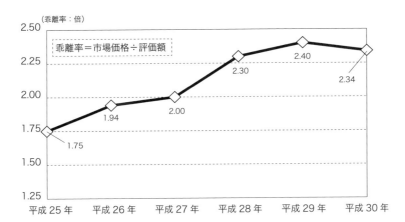

## ❷ マンションの乖離率の分布

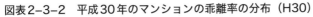

　上記の図表のうち平成30年のマンションの相続税評価額と市場価格の乖離率の全体に対する分布状況のグラフが次の図です。平均倍率は2.34倍ですが、2.5倍以上が全体の42.5％を占め、全体の約65％が市場価格の半額以下の相続税評価額となっていることが分かります。

図表2-3-2　平成30年のマンションの乖離率の分布（H30）

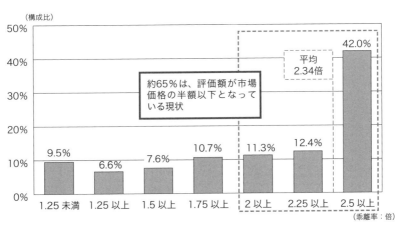

## *3* 戸建て住宅の乖離率は平均1.66倍

　平成30年における中古戸建て住宅の市場価格と相続税評価額との乖離率の平均は1.66倍となっています。言い換えると市場価格に対して相続税評価額の割合は約60％です。

図表2-3-3　平成30年の一戸建ての乖離率の分布

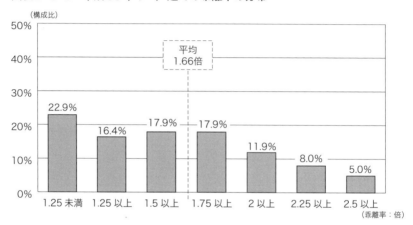

（注）図表2-3-1～2-3-3の計数はいずれも国税庁において実施したサンプル調査（平成25年～30年中に行われた取引について、不動産移転登記情報と所得税の確定申告データを突合）による。

出典：図表2-3-1～2-3-3とも国税庁報道発表資料令和5年6月30日

# 2-4 相続税評価額と市場価格が乖離している要因

## ① 再建築価格と市場価格の違い

　報道発表資料では、相続税評価額と市場価格が乖離している要因の一つを再建築価格と市場価格の違いであるとしています。建物の相続税評価額は固定資産税評価額とイコールで、固定資産税評価額はその年1月1日現在の再建築価格で評価されます。一方、市場価格はそれに加えて①建物の総階数②マンション一室の所在階も考慮されています。これに加えて評価額への築年数の反映が不十分であると、評価額が市場価格に比べて低くなるケースがあるとしています。

## ② 相続税評価額の算定において立地条件の繁栄が不十分

　マンション一室の敷地利用権の相続税評価額の計算は、共有持分で案分した面積に1平方メートル当たりの単価を乗じて計算します。この面積は一般的に高層マンションほどより細分化されて狭小となります。このため、敷地持分が狭小なケースは立地の良好な場所でも評価額が市場価格に比べて低くなります。

## ③ 乖離要因を反映したマンション評価の補正

　以上のように相続税評価額が市場価格と乖離する要因は次の4つに集約されます。

　① 築年数

　② 総階数（総階数指数）

　③ 所在階

④ 敷地持分狭小度

そこで、これらの4つの指数に基づいて統計的手法によって乖離率を予測し、その結果、評価額が市場価格理論値の60%に達しない場合には60%に達するまで評価額を補正することとされました。この60%は戸建て住宅の評価の現状を踏まえて設定されています。

#  4要素以外の要因

有識者会議における意見として「評価額と市場価格の乖離の要因としては上記の4指数の他にもあり得るかもしれないが、申告納税制度の下で納税者の負担を考慮すると、納税者自身で容易に把握できる情報を使用する指数である必要がある。この点、これら4指数は定量的にとらえることができ、納税者自身が容易に把握可能なものであることに加え、特に影響度が大きい要因でもあることから、これら4指数により乖離を補正することが妥当ではないか」としています。

# 第**3**章 新マンション評価方法

マンション評価方法の見直しのイメージ

## ① 乖離率が約1.67以下は現行通り

　そのマンションの市場価格を現在の財産評価基本通達で評価した額で割った割合を評価乖離率といいます。その割合が約1.67以下（市場価格の60％以上）の場合には現行の評価額のままで何ら変わることがありません。この評価乖離率は国税庁があらかじめ定めた計算式によって対象物件ごとに計算することになります。具体的には建物の築年数、総階数指数、所在階、敷地持分狭小度の4つの指数に基づいて評価乖離率を算定することになります。

## ② 評価方法見直しのイメージ

　評価方法の見直しのイメージは図表3-1のようになります。なお、最低評価水準と評価乖離率については、固定資産税の評価の見直し時期に併せて、その時期の直前における一戸建て及びマンション一室の取引事例の取引価格に基づいて見直すこととされています。

図表3-1　評価方法の見直しのイメージ

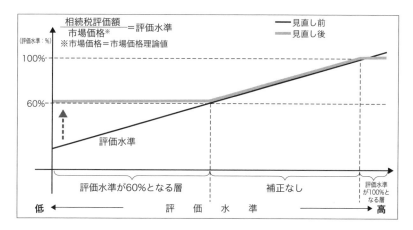

出典：国税庁報道発表資料令和5年6月30日

**新マンション評価の適用対象**

 **対象は居住用の区分所有マンション**

令和4年4月19日の最高裁判決で話題になりましたが、マンションについて「相続税評価額」と「市場売買価格（時価）」とが大きく乖離しているケースも把握されています。このような乖離があると、高額の相続税額の場合には相続税の申告後に、国税当局から、路線価等に基づく相続税評価額ではなく鑑定価格等による時価で評価し直して課税処分をされるというケースも発生しています。そこで課税庁では課税の公平を図りつつ、納税者の予見可能性を確保する観点からも、早期にマンションの評価に関する通達を見直す必要があるとして、乖離の実態把握とその要因分析を的確に行った上で、1月以降、租税法学者、不動産鑑定士、不動産業界の関係者などの意見も丁寧に聴取しながら、通達改正を検討していくこととしていました。

このほど国税庁より「マンションに係る財産評価基本通達に関する有識者会議」による通達改正が明らかにされました。すべての1棟売りマンションが対象となるのか、事務所ビルのフロア売り商品も対象となるのか注目されていましたが、あくまでも居住用区分所有マンションのみが対象となることが明らかにされました。

 **令和6年1月1日以後の相続・贈与から適用開始**

新しい通達は令和5年7月から8月にかけてパブリックコメントを行った上で9月に公表されました。通達によると令和6年1月1日以後の相続等又は贈与から適用することとされています。中にはこ

れをとらえて、実際の取引価額よりも現在の財産評価基本通達で計
算した評価額が大幅に低い場合は、通達施行前の令和5年中に贈与
してしまえばいいのではないかという声もあるようです。しかし、
財産評価基本通達による評価額と鑑定評価額との間に著しい開差が
あると、既に最高裁判決が出ていることもあり、鑑定評価額での贈
与税として更正処分等されるリスクを認識しておく必要があるで
しょう。

## ❸ 区分所有に係る財産には二世帯住宅は含まれない

　公表された通達では対象となるのは「区分所有に係る財産の各部
分（建物の部分及び敷地利用権部分。ただし、構造上、居住の用途
に供することができるものに限る。以下「マンション一室」という。）」
としています。一室の専有部分について、構造上、主として居住の
用に供することができるものをいい、原則として、登記簿上の種類
に「居宅」を含むものがこれに該当します。なお、主として居住の
用に供することができるものであれば、課税時期において、現に事
務所として使用している場合であっても、「居住の用」に供するこ
ととなります。区分所有建物とその敷地が改正の対象となるのです
が、地下を除く総階数2階以下の区分所有建物とその敷地は対象外
とされます。また、区分所有されている居住部分が3以下であって、
かつ、その全てをその区分所有者またはその親族の居住用であるい
わゆる二世帯住宅も対象外となります。

## ❹ 対象とするマンションを限定

　有識者会議において、「分譲マンションの流通性・市場性の高さ
に鑑み、その価格形成要因に着目して、売買実例に基づく評価額の
補正の仕組みを導入するのであれば、その対象となる不動産は流通

性や価格形成要因の点で分譲マンションに類似するものに限定すべき。その点、二世帯住宅や低層の集合住宅、事業用のテナント物件などは市場も異なり売買実例に乏しいことからすれば、対象外とすることが妥当ではないか。他方で、一棟全体について全戸を区分所有しているようなケースでは、一戸一戸を切り売りすることができる点で一戸単位で取引される分譲マンションと同様の高い流通性が認められるので、見直しの対象とすべきではないか。」との意見を受けて対象物件が限定されました。

　対象外となるもの

①　区分所有登記されていない一棟売り居住用マンション

②　区分所有登記されている3階建て以下の親族専用居住用物件

③　事業用テナント物件（フロア売り賃貸事務所ビル・区分所有物件を含む）

④　低層の集合住宅（地階を除く階数が2以下）

⑤　課税時期において区分建物の登記がされていないもの

新マンション評価方法

 **新評価方式**

　実際の評価は重回帰式による理論的な市場価格として次の計算式によって行うことになります。建物および敷地利用権のそれぞれについて現在の財産評価基本通達による評価方法で計算し、これに区分所有補正率を乗じます。

　区分所有補正率は、まず次の評価乖離率を計算し、1÷評価乖離率で計算した評価水準が1を超える場合には評価乖離率とし、評価水準が0.6未満の場合には評価乖離率×0.6とします。なお、評価乖離率が零又は負数のものについては評価しないこととしています。

| 評価水準 | 区分所有補正率 | 相続税評価額への補正 |
|---|---|---|
| 1超 | 評価乖離率 | 引下げ |
| 0.6以上1以下 | 適用なし | なし |
| 0.6未満 | 評価乖離率×0.6 | 引上げ |

**【計算式】**

　現行の相続税評価額×区分所有補正率

〔区分所有補正率〕

(1)　評価水準が1を超える場合

　　区分所有補正率＝評価乖離率

(2)　評価水準が0.6未満の場合

　　区分所有補正率＝評価乖離率×0.6

〔評価水準〕……1を評価乖離率で除した値

$$\frac{現行の相続税評価額}{現行の相続税評価額 \times 評価乖離率} = 1 \div 評価乖離率$$

## 【評価乖離率】

評価乖離率は次の計算式で計算します。

評価乖離率 ＝A＋B＋C＋D＋3.220

「A」＝その一棟の区分所有建物の築年数×△0.033

「B」＝その一棟の区分所有建物の総階数指数×0.239（小数点以下
第4位を切り捨てる。）

「C」＝その一室の区分所有権等に係る占有部分の所在階×0.018

「D」＝その一室の区分所有権等に係る敷地持分狭小度×△1.195（小
数点以下第4位を切り上げる。）

① 「築年数」は、その一棟の区分所有建物の建築の時から相続
開始又は贈与の時までの期間とし、その期間に1年未満の端数
があるときは、その端数は1年とします。

② 「総階数指数」は、その一棟の区分所有建物の総階数を33で
除した値（小数点以下第4位を切り捨て、1を超える場合は1
とする。）とします。この場合において、総階数には地階を含
みません。

③ その一室の区分所有権等に係る占有面積部分がその一棟の
区分所有建物の複数階にまたがる場合には、階数の低い方の
階を「その一室の区分所有権等に係る占有部分の所在階」と
します。

④ その一室の区分所有権等に係る占有部分が地階である場合に
は、「その一室の区分所有権等に係る占有部分の所在階」は、
零階とし、Cの値は零とします。

⑤ 「その一室の区分所有権等に係る敷地持分狭小度」は、その
一室の区分所有権等に係る敷地利用権の面積をその一室の区分
所有権等に係る占有部分の面積で除した値（小数点以下第4位
を切り上げる）とします。

## ❷ 一棟すべてを単独所有している場合

　区分所有者が次のいずれも単独で所有している場合には、「区分所有補正率」は1を下限とします。

① 一棟の区分所有建物に存するすべての専有部分

② 一棟の区分所有建物の敷地

## ❸ 評価乖離率の考え方

　評価乖離率の算式は次のような考え方で構成されています。

① 建物の築年数の経過とともに乖離数値のマイナスが大きくなる。

② 建物の総階数の高さが高いほど乖離数値が大きくなる。

③ マンション1室の所在階数が高いほど乖離数値が大きくなる。

④ そのマンション1室の専有面積が狭いほど乖離数値のマイナスが大きくなる。

　パブリックコメントへの回答として評価乖離率採用の理由を次のようにしています。

① 分譲マンションは流通性・市場性が高く、類似する物件の売買実例価額を多数把握することが可能であり、かつ、価格形成要因が比較的明確であることからすれば、それら要因を指数化して売買実例価額に基づき統計的に予測した市場価格を考慮して評価額を補正する方法が妥当であり、相続税評価額と市場価格との乖離を補正する方法として直截的であり、執行可能性も高いこと

② 相続税評価額と市場価格（売買実例価額）の乖離の要因としては、4つの指数（①築年数②総階数指数③所在階④敷地持分

狭小度）のほかにもあり得るかもしれないが、申告納税制度の下で納税者の負担を考慮すると、これら4つの指数は、納税者自身で容易に把握可能なものであることに加え、特に影響度の大きい要因であること

## ④ 地方における事情が反映されていないとの指摘

パブリックコメントでも地方都市における事情と都市部における事情が異なることへの配慮がないことに対して疑問が投げかけられていましたが、これに対しては次のように回答しています。

本通達では次の理由から全国一律の算式としています。

① 都市部においても地方部においても、4つの指数が乖離率に与える傾向に違いはなく全国共通と考えられること

② 仮に都市部と地方部で差を設けたとしても、必ずしも統計的に合理的とはならないこと

③ 都市部と地方部の境目や、区分の数（どこまで細分化するか）など際限がなく、合理的な線引きも困難である上、いたずらに複雑になること

## ⑤ 平成30年分の売買実例では現在の市場実勢を反映していないのでは

評価乖離率算定の取引データが平成30年分となっていますが、現在の市場実勢を反映していないのではないかという指摘がありました。これに対しては次のように回答しています。

足元のマンション市場は、建築資材価格の高騰等による影響を排除しきれない現状にあり、そうした現状において、コロナ禍等より前の時期として平成30年分の売買実例価額に基づき評価方法を定めることとしました。

##  評価水準が0.6未満の場合に評価乖離率に0.6を乗ずるのはなぜか

評価水準が0.6未満の場合には、評価乖離率に0.6を乗じていますがその理由を次のように述べています。

次の理由から、補正率の算定に当たっては、一戸建ての相続税評価額が市場価格（売買実例価額）の6割程度の水準となっていることを踏まえ、評価乖離率に0.6を乗ずることとしています。

① 相続税又は贈与税については、相続若しくは遺贈により取得又はその年中に贈与により取得した全ての財産の価額の合計額をもって課税価格を計算することとされているところ、相続税評価額と市場価格（売買実例価額）との乖離に関して、同じ不動産である分譲マンションと一戸建てとの選択におけるバイアスを排除し、その均衡を図る必要があること

② 路線価等に基づく評価においても、評価上の安全性を配慮し、地価公示価格と同水準の価格の80％程度を目途に、路線価等を定めていること

## ⑦ 本通達は3年に一度の固定資産税評価見直し時期に改定

評価乖離率の今後の見直しは、3年に1度行われる固定資産税評価の見直しに併せて行うことが合理的であり、改めて実際の取引事例についての相続税評価額と売買実例価額との乖離状況等を踏まえ、その要否を含めて行うことを考えるとしています。ちょうど令和6年が固定資産税評価見直しの年度に当たりますので、次の見直しは令和9年と考えられます。

課評2-74
課資2-16
令和5年9月28日

各国税局長　殿
沖縄国税事務所長　殿

国税庁長官

### 居住用の区分所有財産の評価について（法令解釈通達）

標題のことについては、昭和39年4月25日付直資56、直審(資)17「財産評価基本通達」（法令解釈通達）によるほか、下記のとおり定めたから、令和6年1月1日以後に相続、遺贈又は贈与により取得した財産の評価については、これにより取り扱われたい。

（趣旨）

近年の区分所有財産の取引実態等を踏まえ、居住用の区分所有財産の評価方法を定めたものである。

記

## （用語の意義）

1　この通達において、次に掲げる用語の意義は、それぞれ次に定めるところによる。

　(1)　評価基本通達　　昭和39年4月25日付直資56、直審(資)17「財産評価基本通達」（法令解釈通達）をいう。

　(2)　自用地としての価額　　評価基本通達25《貸宅地の評価》(1)に定める「自用地としての価額」をいい、評価基本通達11《評価の方式》から22-3《大規模工場用地の路線価及び倍率》まで、24《私道の用に供されている宅地の評価》、24-2《土地区画整理事業施行中の宅地の評価》及び24-6《セットバックを必要とする宅地の評価》から24-8《文化財建造物である家屋の敷地の用に供されている宅地の評価》までの定めにより評価したその宅地の価額をいう。

　(3)　自用家屋としての価額　　評価基本通達89《家屋の評価》、89-2《文化財建造物である家屋の評価》又は92《附属設備等の評価》の定めにより評価したその家屋の価額をいう。

⑷　区分所有法　　建物の区分所有等に関する法律（昭和37年法律第69号）をいう。

⑸　不動産登記法　　不動産登記法（平成16年法律第123号）をいう。

⑹　不動産登記規則　　不動産登記規則（平成17年法務省令第18号）をいう。

⑺　一棟の区分所有建物　　区分所有者（区分所有法第2条《定義》第2項に規定する区分所有者をいう。以下同じ。）が存する家屋（地階を除く階数が2以下のもの及び居住の用に供する専有部分（同条第3項に規定する専有部分をいう。以下同じ。）一室の数が3以下であってその全てを当該区分所有者又はその親族の居住の用に供するものを除く。）で、居住の用に供する専有部分のあるものをいう。

⑻　一室の区分所有権等　　一棟の区分所有建物に存する居住の用に供する専有部分一室に係る区分所有権（区分所有法第2条第1項に規定する区分所有権をいい、当該専有部分に係る同条第4項に規定する共用部分の共有持分を含む。以下同じ。）及び敷地利用権（同条第6項に規定する敷地利用権をいう。以下同じ。）をいう。

（注）　一室の区分所有権等には、評価基本通達第6章《動産》第2節《たな卸商品等》に定めるたな卸商品等に該当するものは含まない。

⑼　一室の区分所有権等に係る敷地利用権の面積　　次に掲げる場合の区分に応じ、それぞれ次に定める面積をいう。

　　イ　一棟の区分所有建物に係る敷地利用権が、不動産登記法第44条《建物の表示に関する登記の登記事項》第1項第9号に規定する敷地権である場合

　　　　一室の区分所有権等が存する一棟の区分所有建物の敷地（区分所有法第2条第5項に規定する建物の敷地をいう。以下同じ。）の面積に、当該一室の区分所有権等に係る敷地権の割合を乗じた面積（小数点以下第3位を切り上げる。）

　　ロ　上記イ以外の場合

　　　　一室の区分所有権等が存する一棟の区分所有建物の敷地の面積に、当該一室の区分所有権等に係る敷地の共有持分の割合を乗じた面積（小数点以下第3位を切り上げる。）

⑽ 一室の区分所有権等に係る専有部分の面積　当該一室の区分所有権等に係る専有部分の不動産登記規則第115条《建物の床面積》に規定する建物の床面積をいう。

⑾ 評価乖離率　次の算式により求めた値をいう。

（算式）

**評価乖離率＝Ａ＋Ｂ＋Ｃ＋Ｄ＋3.220**

上記算式中の「Ａ」、「Ｂ」、「Ｃ」及び「Ｄ」は、それぞれ次による。

「Ａ」＝当該一棟の区分所有建物の築年数×△0.033

「Ｂ」＝当該一棟の区分所有建物の総階数指数×0.239（小数点以下第4位を切り捨てる。）

「Ｃ」＝当該一室の区分所有権等に係る専有部分の所在階×0.018

「Ｄ」＝当該一室の区分所有権等に係る敷地持分狭小度×△1.195（小数点以下第4位を切り上げる。）

（注）1　「築年数」は、当該一棟の区分所有建物の建築の時から課税時期までの期間とし、当該期間に1年未満の端数があるときは、その端数は1年とする。

　　　2　「総階数指数」は、当該一棟の区分所有建物の総階数を33で除した値（小数点以下第4位を切り捨て、1を超える場合は1とする。）とする。この場合において、総階数には地階を含まない。

　　　3　当該一室の区分所有権等に係る専有部分が当該一棟の区分所有建物の複数階にまたがる場合には、階数が低い方の階を「当該一室の区分所有権等に係る専有部分の所在階」とする。

　　　4　当該一室の区分所有権等に係る専有部分が地階である場合には、「当該一室の区分所有権等に係る専有部分の所在階」は、零階とし、Ｃの値は零とする。

　　　5　「当該一室の区分所有権等に係る敷地持分狭小度」は、当該一室の区分所有権等に係る敷地利用権の面積を当該一室の区分所有権等に係る専有部分の面積で除した値（小数点以下第4位を切り上げる。）とする。

⑿ 評価水準　1を評価乖離率で除した値とする。

## （一室の区分所有権等に係る敷地利用権の価額）

2　次に掲げる場合のいずれかに該当するときの一室の区分所有権等に係る敷地利用権の価額は、「自用地としての価額」に、次の算式による区分所有補正率を乗じて計算した価額を当該「自用地としての価額」とみなして評価基本通達（評価基本通達25並びに同項により評価する場合における評価基本通達27《借地権の評価》及び27-2《定期借地権等の評価》を除く。）を適用して計算した価額によって評価する。ただし、評価乖離率が零又は負数のものについては、評価しない。

（算式）

⑴　評価水準が1を超える場合

　　区分所有補正率＝評価乖離率

⑵　評価水準が0.6未満の場合

　　区分所有補正率＝評価乖離率×0.6

（注）1　区分所有者が次のいずれも単独で所有している場合には、「区分所有補正率」は1を下限とする。

　　　イ　一棟の区分所有建物に存する全ての専有部分

　　　ロ　一棟の区分所有建物の敷地

　　　2　評価乖離率を求める算式及び上記⑵の値（0.6）については、適時見直しを行うものとする。

## （一室の区分所有権等に係る区分所有権の価額）

3　一室の区分所有権等に係る区分所有権の価額は、「自用家屋としての価額」に、上記2に掲げる算式（（注）1を除く。）による区分所有補正率を乗じて計算した価額を当該「自用家屋としての価額」とみなして評価基本通達を適用して計算した価額によって評価する。ただし、評価乖離率が零又は負数のものについては、評価しない。

## 「居住用の区分所有財産の評価について」（法令解釈通達）の趣旨について（情報）

資産評価企画官情報第2号
資産課税課情報第16号
令和5年10月11日 国税庁

令和5年9月28日付課評2-74ほか1課共同「居住用の区分所有財産の評価について」（法令解釈通達）により、居住用の区分所有財産の評価についての取扱いを定めたところであるが、その趣旨について別添のとおり取りまとめたので、参考のため送付する。

〈省略用語〉

この情報において使用した次の省略用語の意義は、それぞれ次に掲げるとおりである。

相続税法（相法）　相続税法（昭和25年法律第73号）

評価通達（評基通）昭和39年4月25日付直資56、直審（資）17「財産評価基本通達」（法令解釈通達）

区分所有法　　　　建物の区分所有等に関する法律（昭和37年法律第69号）

建築基準法　　　　建築基準法（昭和25年法律第201号）

民法　　　　　　　民法（明治29年法律第89号）

不動産登記法　　　不動産登記法（平成16年法律第123号）

不動産登記規則　　不動産登記規則（平成17年法務省令第18号）

### 別添

> **（用語の意義）**
>
> 1　この通達において、次に掲げる用語の意義は、それぞれ次に定めるところによる。
>
> ⑴　評価基本通達　　昭和39年4月25日付直資56、直審（資）17「財産評価基本通達」（法令解釈通達）をいう。
>
> ⑵　自用地としての価額　　評価基本通達25《貸宅地の評価》⑴に定める「自用地としての価額」をいい、評価基本通達11《評価の方式》から22-3《大規模工場用地の路線価及び倍率》

まで、24《私道の用に供されている宅地の評価》、24-2《土地区画整理事業施行中の宅地の評価》及び24-6《セットバックを必要とする宅地の評価》から24-8《文化財建造物である家屋の敷地の用に供されている宅地の評価》までの定めにより評価したその宅地の価額をいう。

⑶　自用家屋としての価額　　評価基本通達89《家屋の評価》、89-2《文化財建造物である家屋の評価》又は92《附属設備等の評価》の定めにより評価したその家屋の価額をいう。

⑷　区分所有法　　建物の区分所有等に関する法律（昭和37年法律第69号）をいう。

⑸　不動産登記法　　不動産登記法（平成16年法律第123号）をいう。

⑹　不動産登記規則　　不動産登記規則（平成17年法務省令第18号）をいう。

⑺　一棟の区分所有建物　　区分所有者（区分所有法第2条《定義》第2項に規定する区分所有者をいう。以下同じ。）が存する家屋（地階を除く階数が2以下のもの及び居住の用に供する専有部分（同条第3項に規定する専有部分をいう。以下同じ。）一室の数が3以下であってその全てを当該区分所有者又はその親族の居住の用に供するものを除く。）で、居住の用に供する専有部分のあるものをいう。

⑻　一室の区分所有権等　　一棟の区分所有建物に存する居住の用に供する専有部分一室に係る区分所有権（区分所有法第2条第1項に規定する区分所有権をいい、当該専有部分に係る同条第4項に規定する共用部分の共有持分を含む。以下同じ。）及び敷地利用権（同条第6項に規定する敷地利用権をいう。以下同じ。）をいう。

　　（注）　一室の区分所有権等には、評価基本通達第6章《動産》第2節《たな卸商品等》に定めるたな卸商品等に該当するものは含まない。

⑼　一室の区分所有権等に係る敷地利用権の面積　次に掲げる場合の区分に応じ、それぞれ次に定める面積をいう。

　イ　一棟の区分所有建物に係る敷地利用権が、不動産登記法第
　　44条《建物の表示に関する登記の登記事項》第１項第９号に規
　　定する敷地権である場合
　　　一室の区分所有権等が存する一棟の区分所有建物の敷地（区分
　　所有法第２条第５項に規定する建物の敷地をいう。以下同じ。）
　　の面積に、当該一室の区分所有権等に係る敷地権の割合を乗じ
　　た面積（小数点以下第３位を切り上げる。）
　ロ　上記イ以外の場合
　　　一室の区分所有権等が存する一棟の区分所有建物の敷地の面
　　積に、当該一室の区分所有権等に係る敷地の共有持分の割合を
　　乗じた面積（小数点以下第３位を切り上げる。）

⑽　一室の区分所有権等に係る専有部分の面積　　当該一室の区分
　所有権等に係る専有部分の不動産登記規則第115条《建物の床面
　積》に規定する建物の床面積をいう。

⑾　評価乖離率　　次の算式により求めた値をいう。

　**（算式）**
　**評価乖離率＝A＋B＋C＋D＋3.220**
　上記算式中の「A」、「B」、「C」及び「D」は、それぞれ次による。
　「A」＝当該一棟の区分所有建物の築年数×△0.033
　「B」＝当該一棟の区分所有建物の総階数指数×0.239（小数点
　　　　以下第４位を切り捨てる。）
　「C」＝当該一室の区分所有権等に係る専有部分の所在階×0.018
　「D」＝当該一室の区分所有権等に係る敷地持分狭小度×△
　　　　1.195（小数点以下第４位を切り上げる。）

　（注）１　「築年数」は、当該一棟の区分所有建物の建築の時から課
　　　　　　税時期までの期間とし、当該期間に１年未満の端数がある
　　　　　　ときは、その端数は１年とする。
　　　　２　「総階数指数」は、当該一棟の区分所有建物の総階数を33
　　　　　　で除した値（小数点以下第４位を切り捨て、１を超える場合
　　　　　　は１とする。）とする。この場合において、総階数には地階
　　　　　　を含まない。
　　　　３　当該一室の区分所有権等に係る専有部分が当該一棟の区分

所有建物の複数階にまたがる場合には、階数が低い方の階を「当該一室の区分所有権等に係る専有部分の所在階」とする。

4　当該一室の区分所有権等に係る専有部分が地階である場合には、「当該一室の区分所有権等に係る専有部分の所在階」は、零階とし、Cの値は零とする。

5　「当該一室の区分所有権等に係る敷地持分狭小度」は、当該一室の区分所有権等に係る敷地利用権の面積を当該一室の区分所有権等に係る専有部分の面積で除した値（小数点以下第4位を切り上げる。）とする。

⑿　評価水準　1を評価乖離率で除した値とする。

《説明》

## 1　基本的な考え方

　相続税又は贈与税は、原則として、相続若しくは遺贈により取得した全ての財産の価額の合計額をもって、又はその年中において贈与により取得した全ての財産の価額の合計額をもって課税価格を計算することとされており（相法11の2、21の2）、これらの財産の価額について、相続税法は、「この章で特別の定めのあるものを除くほか、相続、遺贈又は贈与により取得した財産の価額は、当該財産の取得の時における時価による」（時価主義）旨を規定している（相法22）。そして、この「時価」とは、「課税時期において、それぞれの財産の現況に応じ、不特定多数の当事者間で自由な取引が行われる場合に通常成立すると認められる価額」（客観的な交換価値）をいい、その価額は、「この通達（評価通達）の定めによって評価した価額による」こととしており（評基通1）、評価通達により内部的な取扱いを統一するとともに、これを公開することにより、課税の適正・公平を図るとともに、納税者の申告・納税の便にも供されている。

　このように、評価の原則が時価主義をとり、客観的な交換価値を示す価額を求めようとしている以上、財産の評価は自由な取引が行われる市場で通常成立すると認められる売買実例価額によることが最も望ましいが、課税の対象となる財産は、必ずしも売買実例価額の把握が可能な財

産に限られないことから、評価通達においては、実務上可能な方法で、しかもなるべく容易かつ的確に時価を算定するという観点から、財産の種類の異なるごとに、それぞれの財産の本質に応じた評価の方法を採用している。

　不動産の評価においても、このような考え方に基づき、土地については、近傍の土地の売買実例価額や標準地についての公示価格、不動産鑑定士等による鑑定評価額及び精通者意見価格等を基として評価する「路線価方式」や「倍率方式」によって評価することとしている。他方、家屋については、再建築価格を基準として評価される「固定資産税評価額」に倍率を乗じて評価することとしている（固定資産税評価額に乗ずる倍率は評価通達別表1で「1.0」と定めている。）。家屋について、再建築価格を基準とする評価としているのは、売買実例価額は、個別的な事情による偏差があるほか、家屋の取引が一般的に宅地とともに行われている現状からして、そのうち家屋の部分を分離することが困難である等の事情を踏まえたものである。

　しかしながら、居住用の区分所有財産（いわゆる分譲マンション）については、近年、不特定多数の当事者により市場において活発に売買が行われるとともに、従来に比して類似の分譲マンションの取引事例を多数把握することが容易になっている。また、相続税評価額と売買実例価額とが大きく乖離するケースもあり、平成30年中<sup>(注1)</sup>に取引された全国の分譲マンションの相続税評価額<sup>(注2)</sup>と売買実例価額との乖離について取引実態等を確認したところ、平均で2.34倍の乖離が把握され、かつ、約65％の事例で2倍以上乖離していることが把握された（以下、当該分譲マンションに係る取引実態等と一戸建て不動産の相続税評価額と売買実例価額との乖離に関する取引実態等を併せて、単に「取引実態等」という。）。

（注1）　足元のマンション市場は、建築資材価格の高騰等による影響を排除しきれない現状にあり、そうした現状において、コロナ禍等より前の時期として平成30年分の譲渡所得の申告により把握された取引事例に基づいている。

（注2）　ここでは、平成30年分の譲渡所得の申告により把握された取引事例に係る分譲マンションの相続税評価額に相当する額をいう。具体的には、

　　　それぞれの分譲マンションに係る土地部分の固定資産税評価額に近傍の
　　　標準地の路線価と固定資産税評価額との差に応ずる倍率及び敷地権の割
　　　合を乗じた額と家屋部分の固定資産税評価額との合計額により計算して
　　　いる。

　また、不動産の相続税評価額と市場価格とに大きな乖離がある事例に
ついて、評価通達6《この通達の定めにより難い場合の評価》の適用が
争われた最高裁令和4年4月19日判決以降、当該乖離に対する批判の高
まりや、取引の手控えによる市場への影響を懸念する向きも見られたこ
とから、課税の公平を図りつつ、納税者の予見可能性を確保する観点か
らも、類似の取引事例が多い分譲マンションについては、いわゆるタワー
マンションなどの一部のものに限らず、広く一般的に評価方法を見直す
必要性が認められた<sup>(注3)</sup>。

(注3)　令和5年度与党税制改正大綱（令和4年12月16日決定）において、「マ
　　　ンションについては、市場での売買価格と通達に基づく相続税評価額と
　　　が大きく乖離しているケースが見られる。現状を放置すれば、マンショ
　　　ンの相続税評価額が個別に判断されることもあり、納税者の予見可能性
　　　を確保する必要もある。このため、相続税におけるマンションの評価方
　　　法については、相続税法の時価主義の下、市場価格との乖離の実態を踏
　　　まえ、適正化を検討する。」とされた。

## 2　新たな評価方法の概要

　分譲マンションにおける相続税評価額と市場価格（売買実例価額）と
の乖離の要因として、まず、家屋の相続税評価額は、再建築価格に基づ
く固定資産税評価額により評価しているが、市場価格（売買実例価額）は、
再建築価格に加えて建物総階数及び分譲マンション一室の所在階も考慮
されているほか、固定資産税評価額への築年数の反映が大きすぎる（経
年による減価が実態より大きい）と、相続税評価額が市場価格（売買実
例価額）に比べて低くなるケースがあると考えられた。

　また、土地（敷地利用権）の相続税評価額は、土地（敷地）の面積を
敷地権の割合（共有持分の割合）に応じてあん分した面積に、1㎡当た
りの単価（路線価等）を乗じて評価しているが、当該面積は、一般的に
高層マンションほどより細分化されて狭小となるため、当該面積が狭小
なケースは、立地条件が良好な場所でも、その立地条件が敷地利用権の

価額に反映されづらくなり、相続税評価額が市場価格（売買実例価額）に比べて低くなることが考えられた。

　そこで、相続税評価額が市場価格（売買実例価額）と乖離する要因と考えられた、①築年数、②総階数指数、③所在階及び④敷地持分狭小度の4つの指数を説明変数[注1]とし、相続税評価額と市場価格（売買実例価額）との乖離率を目的変数として、分譲マンションの取引実態等に係る取引事例について重回帰分析[注2]を行ったところ、決定係数[注3]：0.587（自由度調整済決定係数：0.586）となる有意な結果が得られた。

(注1)　各説明変数の意義等については、下記3(5)を参照。

(注2)　「重回帰分析」とは、2以上の要因（説明変数）が結果（目的変数）に与える影響度合いを分析する統計手法とされる。以下に示す算式の4つの指数に係る係数及び切片の値は、次の重回帰分析の結果求められたものである。

| 回帰統計 | |
|---|---|
| 決定係数 | 0.5870 |
| 自由度調整済決定係数 | 0.5864 |
| 観測数 | 2478 |

| | 係数 | t-値 | p-値 | 最小値 | 最大値 | 平均値 | 標準偏差 |
|---|---|---|---|---|---|---|---|
| 切片 | 3.220 | 65.60 | 0.001 未満 | | | | |
| 築年数 | △0.033 | △34.11 | 0.001 未満 | 1 | 57 | 19 | 11.36 |
| 総階数指数 | 0.239 | 3.50 | 0.001 未満 | 0.061 | 1 | 0.403 | 0.256 |
| 所在階 | 0.018 | 8.53 | 0.001 未満 | 1 | 51 | 8 | 7.37 |
| 敷地持分狭小度 | △1.195 | △18.54 | 0.001 未満 | 0.01 | 0.99 | 0.4 | 0.192 |

| 相関係数 | | | | | |
|---|---|---|---|---|---|
| | 乖離率 | 築年数 | 総階数指数 | 所在階 | 敷地持分狭小度 |
| 乖離率 | 1 | | | | |
| 築年数 | △0.635 | 1 | | | |
| 総階数指数 | 0.567 | △0.404 | 1 | | |
| 所在階 | 0.496 | △0.310 | 0.747 | 1 | |
| 敷地持分狭小度 | △0.523 | 0.240 | △0.578 | △0.417 | 1 |

(注3)　「決定係数」とは、推定された回帰式の当てはまりの良さの度合いを示す指標とされる。

　この結果を踏まえ、次の理由から、以下に示す算式により求めた評価乖離率を基に相続税評価額を補正する方法を採用することとした。

①　分譲マンションは流通性・市場性が高く、類似する物件の売買実例価額を多数把握することが可能であり、かつ、価格形成要因が比較的

明確であることからすれば、それら要因を指数化して売買実例価額に
基づき統計的に予測した市場価格を考慮して相続税評価額を補正する
方法が妥当であり、相続税評価額と市場価格との乖離を補正する方法
として直截的であって、執行可能性も高いこと

② 相続税評価額と市場価格（売買実例価額）との乖離の要因としては、
上記4つの指数のほかにもあり得るかもしれないが、申告納税制度の
下で納税者の負担を考慮すると、これらの4つの指数は、納税者自身
で容易に把握可能なものであることに加え、特に影響度の大きい要因
であること

---

（算式）

**評価乖離率＝A＋B＋C＋D＋3.220**

上記算式中の「A」、「B」、「C」及び「D」は、それぞれ次による。

「A」＝当該一棟の区分所有建物の築年数×△0.033

「B」＝当該一棟の区分所有建物の総階数指数×0.239（小数点以
　　　下第4位を切り捨てる。）

「C」＝当該一室の区分所有権等に係る専有部分の所在階×0.018

「D」＝当該一室の区分所有権等に係る敷地持分狭小度×△1.195
　　　（小数点以下第4位を切り上げる。）

（（注）は省略）

---

また、評価乖離率に基づく相続税評価額の補正に当たっては、次の理
由から、上記算式により算出された評価乖離率の逆数である評価水準が
0.6未満となる場合には、評価乖離率に0.6を乗じた値を区分所有補正
率として、評価水準が1を超える場合には、評価乖離率を区分所有補正
率として、それぞれ相続税評価額に乗ずることで補正することとした。

① 上記1のとおり、相続税又は贈与税については、相続若しくは遺贈
により取得又はその年中に贈与により取得した全ての財産の価額の合
計額をもって課税価格を計算することとされているところ、相続税評
価額と市場価格（売買実例価額）との乖離に関して、同じ不動産で
ある分譲マンションと一戸建てとの選択におけるバイアスを排除する
観点から、一戸建てにおける乖離（取引実態等の結果は平均1.66倍）

も考慮する必要がある。したがって、一戸建ての相続税評価額が市場価格（売買実例価額）の６割程度の評価水準となっていることを踏まえ、それを下回る評価水準の分譲マンションが一戸建てと比べて著しく有利となると不公平感が生じかねないため、分譲マンションにおいても少なくとも市場価格の６割水準となるようにしてその均衡を図る必要があること

② 路線価等に基づく評価においても、土地の価額には相当の値幅があることや、路線価等が１年間適用されるため、評価時点であるその年の１月１日以後の１年間の地価変動にも耐え得るものであることが必要であること等の評価上の安全性を配慮し、地価公示価格と同水準の価格の80％程度を目途に、路線価等を定めていること

なお、上記については、令和５年度与党税制改正大綱（令和４年12月16日決定）において、マンションの評価方法の適正化を検討する旨の記載（上記１（注３）参照）がされたことを受け、「マンションに係る財産評価基本通達に関する有識者会議」を令和５年１月から６月にかけて計３回開催し、分譲マンションの新たな評価方法等について有識者から意見を聴取しながら、その客観性及び妥当性について検討を行った。

## 3 用語の意義等

本項は、本通達で使用する用語の意義を定めているが、その主な用語の意義等は、次のとおりである。

### (1) 一棟の区分所有建物

「一棟の区分所有建物」とは、区分所有者（区分所有法第２条《定義》第２項に規定する区分所有者をいう。以下同じ。）が存する家屋（地階を除く階数が２以下のもの及び居住の用に供する専有部分（同条第３項に規定する専有部分をいう。以下同じ。）一室の数が３以下であってその全てを当該区分所有者又はその親族の居住の用に供するものを除く。）で、居住の用に供する専有部分のあるものをいうこととしており、当該「一棟の区分所有建物」には、「地階を除く階数が２以下のもの」[注1] 及び「居住の用に供する専有部分一室の数が３以下であってその全てを当該区分所有者又はその親族の居住の用に供するも

の」<sup>(注2、3、4)</sup>を含まないこととしている。

(注1)　「地階」とは、「地下階」をいい、登記簿上の「地下」の記載により判断される。

(注2)　「専有部分一室の数が3以下」とは、一棟の家屋に存する（居住の用に供する）専有部分の数が3以下の場合（例えば、3階建てで各階が区分所有されている場合など）をいい、一の専有部分に存する部屋そのものの数をいうのではないから留意する。

(注3)　「区分所有者又はその親族の居住の用に供するもの」とは、区分所有者が、当該区分所有者又はその親族（以下「区分所有者等」という。）の居住の用に供する目的で所有しているものをいい、居住の用以外の用又は当該区分所有者等以外の者の利用を目的とすることが明らかな場合（これまで一度も区分所有者等の居住の用に供されていなかった場合（居住の用に供されていなかったことについて合理的な理由がある場合を除く。）など）を除き、これに該当するものとして差し支えない。

(注4)　「親族」とは、民法第725条《親族の範囲》各号に掲げる者をいう。

　これは、上記**2**のとおり、本通達が分譲マンションの流通性・市場性の高さに鑑み、その価格形成要因に着目して、売買実例価額に基づく評価方法を採用したものであるから、その対象となる不動産はその流通性・市場性や価格形成要因の点で分譲マンションに類似するものに限定されるべきところ、同じ区分所有財産であっても低層の集合住宅や二世帯住宅は市場も異なり、売買実例に乏しいことから、対象外としているものである。

　また、事業用のテナント物件や一棟所有の賃貸マンションなどについても、その流通性・市場性や価格形成要因の点で居住用の物件とは大きく異なることから対象外とし、居住の用に供する区分所有財産を対象としたものである。したがって、当該「居住の用」（すなわち、本通達における「居住の用に供する専有部分」）とは、一室の専有部分について、構造上、主として居住の用途に供することができるものをいい、原則として、登記簿上の種類に「居宅」を含むものがこれに該当する。なお、構造上、主として居住の用途に供することができるものであれば、課税時期において、現に事務所として使用している場合であっても、「居住の用」に供するものに該当することとなる。

　また、本通達における「一棟の区分所有建物」とは、区分所有者が存する家屋をいい、当該区分所有者とは、区分所有法第1条《建物の区分所有》に規定する建物の部分を目的とする所有権（区分所有権）を有する者をいうこととしている。区分所有権は、一般に、不動産登記法第2条《定義》第22号に規定する区分建物の登記がされることによって外部にその意思が表示されて成立するとともに、その取引がなされることから、本通達における「一棟の区分所有建物」とは、当該区分建物の登記がされたものをいうこととしている。したがって、区分建物の登記をすることが可能な家屋であっても、課税時期において区分建物の登記がされていないものは、本通達における「一棟の区分所有建物」には該当しない。

### ⑵　一室の区分所有権等

　「一室の区分所有権等」とは、一棟の区分所有建物に存する居住の用に供する専有部分一室に係る区分所有権（区分所有法第2条第1項に規定する区分所有権をいい、当該専有部分に係る同条第4項に規定する共用部分の共有持分を含む。以下同じ。）及び敷地利用権（同条第6項に規定する敷地利用権をいう。以下同じ。）をいう。

　なお、この一室の区分所有権等のうち、たな卸商品等に該当するものについては、他の土地、家屋と同様に、不動産ではあるものの、その実質がまさにたな卸商品等であることに照らし、評価通達133《たな卸商品等の評価》により評価することを明らかにしている。

　また、分譲マンションについては、区分所有法において「区分所有者は、その有する専有部分とその専有部分に係る敷地利用権とを分離して処分することができない」（区分所有法22①）と規定され、土地と家屋の価格は一体として値決めされて取引されており、それぞれの売買実例価額を正確に把握することは困難であるほか、上記2により算出された評価乖離率（又は区分所有補正率）は一体として値決めされた売買実例価額との乖離に基づくものであり、これを土地と家屋に合理的に分けることは困難である。

　したがって、本通達においては、一室の区分所有権等に係る敷地利用権及び区分所有権のそれぞれの評価額に同一の補正率（区分所有補正率）を乗じて評価することとしており、また、貸家建付地又は貸家

の評価や土地等にのみ適用される「小規模宅地等についての相続税の課税価格の計算の特例」（以下「小規模宅地等の特例」という。）などを踏まえ、それぞれ別々に評価額を算出することとしている。

(参考) 不動産の鑑定評価においては、複合不動産価格（建物及びその敷地（区分所有建物及びその敷地）の価格）の土地と建物の内訳価格の算定に当たっては、複合不動産における積算価格割合に基づいて建物に帰属する額を配分する方法（割合法）が用いられることがある。他方、相続税評価額は、上記1のとおり、土地については、近傍の土地の売買実例価額や標準地についての公示価格、不動産鑑定士等による鑑定評価額及び精通者意見価格等を基として評価するもので、基本的には取引事例比較法が適用されていると考えることができるほか、家屋については、再建築価格を基準として評価される固定資産税評価額を基として評価するもので、基本的には原価法が適用されていると考えることができ、不動産の鑑定評価で用いられる積算価格と基本的な考え方は同じである。

　本通達は、本通達適用前の分譲マンションの評価額（敷地利用権と区分所有権の評価額の合計額）に、売買実例価額を基とした補正率（区分所有補正率）を乗ずることで、分譲マンションの時価を指向するものである一方で、敷地利用権と区分所有権の評価額それぞれに同一の補正率（区分所有補正率）を乗じているのであるが、これは、不動産の鑑定評価における複合不動産の割合法による内訳価格の算定と同様に、本通達適用前の評価額の比（すなわち、積算価格の比）で本通達適用後の分譲マンションの価額をあん分するものであるともいえる。したがって、本通達では、敷地利用権の価額と区分所有権の価額をそれぞれ算出しているのであるが、時価としての妥当性を有するものであると考えられる。

(3)　一室の区分所有権等に係る敷地利用権の面積

　「一室の区分所有権等に係る敷地利用権の面積」とは、一棟の区分所有建物に係る敷地利用権が、不動産登記法第44条《建物の表示に関する登記の登記事項》第1項第9号に規定する敷地権（以下「敷地権」という。）である場合は、その一室の区分所有権等が存する一棟の区分所有建物の敷地の面積に、当該一室の区分所有権等に係る敷地権の割合を乗じた面積とすることとしている。

　なお、この一室の区分所有権等が存する一棟の区分所有建物の敷地

の面積は、原則として、利用の単位となっている1区画の宅地の地積によることとなる<sup>(注1)</sup>。

(注1)　ただし、例えば、分譲マンションに係る登記簿上の敷地の面積のうちに、私道の用に供されている宅地（評基通24）があった場合、評価上、当該私道の用に供されている宅地は別の評価単位となるが、当該私道の用に供されている宅地の面積については、居住用の区分所有財産について、上記2のとおり、上記2に掲げる算式により求めた評価乖離率に基づき評価することとした理由の一つが、申告納税制度の下で納税者の負担を考慮したものであるから、同様の趣旨により、納税者自身で容易に把握可能な登記簿上の敷地の面積によることとしても差し支えない。他方で、例えば、分譲マンションの敷地とは離れた場所にある規約敷地については、「一室の区分所有権等に係る敷地利用権の面積」には含まれない。

　　また、上記の場合以外の場合は、一室の区分所有権等が存する一棟の区分所有建物の敷地の面積に、当該一室の区分所有権等に係る敷地の共有持分の割合<sup>(注2)</sup>を乗じた面積として計算することとなる。

(注2)　一室の区分所有権等に係る敷地利用権が賃借権又は地上権である場合は、当該賃借権又は地上権の準共有持分の割合を乗ずる。

⑷　一室の区分所有権等に係る専有部分の面積

　「一室の区分所有権等に係る専有部分の面積」とは、一室の区分所有権等に係る専有部分の不動産登記規則第115条《建物の床面積》に規定する建物の床面積をいう。当該建物の床面積は、「区分建物にあっては、壁その他の区画の内側線」で囲まれた部分の水平投影面積（いわゆる内法面積）によることとされており、登記簿上表示される床面積によることとなる。

　したがって、共用部分の床面積は含まれないことから、固定資産税の課税における床面積とは異なることに留意する。

⑸　評価乖離率

　評価乖離率を求める算式は、上記2のとおりであるが、主な算式中の指数については、次のとおりである。

　イ　築年数

　　「築年数」は、一棟の区分所有建物の建築の時から課税時期までの期間とし、当該期間に1年未満の端数があるときは、その端数は

1年とする。

ロ　総階数指数

　「総階数指数」は、一棟の区分所有建物の総階数を33で除した値<sup>(注)</sup>（小数点以下第4位を切り捨て、1を超える場合は1とする。）とし、この場合において、総階数には地階を含まないこととする。この「地階」については、上記(1)の地階と同義である。

（注）　建物総階数については、高さが概ね100m（1階を3mとした場合、約33階）を超える建築物には、緊急離着陸場等の設置指導等がなされることがあるが、それを超えて高くなることによる追加的な規制は一般的にはないほか、評価乖離率に与える影響が一定の階数で頭打ちになると仮定して分析を行ったところ、良好な結果が得られたことから「総階数÷33（1を超える場合は1とする。）」を総階数指数としている。

ハ　所在階

　「所在階」は、一室の区分所有権等に係る専有部分の所在階のことであり、当該専有部分が一棟の区分所有建物の複数階にまたがる場合（いわゆるメゾネットタイプの場合）には、階数が低い方の階を所在階とし、当該専有部分が地階である場合は、零階とする。

　なお、一室の区分所有権等に係る専有部分が、1階と地階にまたがる場合についても、階数が低い方の階（地階）を所在階とするから、算式中の「C」は零となることに留意する。

ニ　敷地持分狭小度

　「敷地持分狭小度」は、一室の区分所有権等に係る敷地利用権の面積（上記(3)）を当該一室の区分所有権等に係る専有部分の面積（上記(4)）で除した値（小数点以下第4位を切り上げる。）をいう。

（参考）

## ○ 建物の区分所有等に関する法律（抄）

**（建物の区分所有）**

**第一条** 一棟の建物に構造上区分された数個の部分で独立して住居、店舗、事務所又は倉庫その他建物としての用途に供することができるものがあるときは、その各部分は、この法律の定めるところにより、それぞれ所有権の目的とすることができる。

**（定義）**

**第二条** この法律において「区分所有権」とは、前条に規定する建物の部分（第四条第二項の規定により共用部分とされたものを除く。）を目的とする所有権をいう。

**2** この法律において「区分所有者」とは、区分所有権を有する者をいう。

**3** この法律において「専有部分」とは、区分所有権の目的たる建物の部分をいう。

**4** この法律において「共用部分」とは、専有部分以外の建物の部分、専有部分に属しない建物の附属物及び第四条第二項の規定により共用部分とされた附属の建物をいう。

**5** この法律において「建物の敷地」とは、建物が所在する土地及び第五条第一項の規定により建物の敷地とされた土地をいう。

**6** この法律において「敷地利用権」とは、専有部分を所有するための建物の敷地に関する権利をいう。

**（規約による建物の敷地）**

**第五条** 区分所有者が建物及び建物が所在する土地と一体として管理又は使用をする庭、通路その他の土地は、規約により建物の敷地とすることができる。

**2** 建物が所在する土地が建物の一部の滅失により建物が所在する土地以外の土地となつたときは、その土地は、前項の規定により規約で建物の敷地と定められたものとみなす。建物が所在する土地の一部が分割により建物が所在する土地以外の土地となつたときも、同様とする。

**（分離処分の禁止）**

**第二十二条**　敷地利用権が数人で有する所有権その他の権利である場合には、区分所有者は、その有する専有部分とその専有部分に係る敷地利用権とを分離して処分することができない。ただし、規約に別段の定めがあるときは、この限りでない。

**2**　前項本文の場合において、区分所有者が数個の専有部分を所有するときは、各専有部分に係る敷地利用権の割合は、第十四条第一項から第三項までに定める割合による。ただし、規約でこの割合と異なる割合が定められているときは、その割合による。

**3**　前二項の規定は、建物の専有部分の全部を所有する者の敷地利用権が単独で有する所有権その他の権利である場合に準用する。

**○　不動産登記法（抄）**

**（定義）**

**第二条**　この法律において、次の各号に掲げる用語の意義は、それぞれ当該各号に定めるところによる。

　　一～二十一　省略

　　二十二　区分建物　一棟の建物の構造上区分された部分で独立して住居、店舗、事務所又は倉庫その他建物としての用途に供することができるものであって、建物の区分所有等に関する法律（昭和三十七年法律第六十九号。以下「区分所有法」という。）第二条第三項に規定する専有部分であるもの（区分所有法第四条第二項の規定により共用部分とされたものを含む。）をいう。

　　二十三・二十四　省略

**（建物の表示に関する登記の登記事項）**

**第四十四条**　建物の表示に関する登記の登記事項は、第二十七条各号に掲げるもののほか、次のとおりとする。

　　一　建物の所在する市、区、郡、町、村、字及び土地の地番（区分建物である建物にあっては、当該建物が属する一棟の建物の所在する市、区、郡、町、村、字及び土地の地番）

　　二　家屋番号

三　建物の種類、構造及び床面積

四　建物の名称があるときは、その名称

五　附属建物があるときは、その所在する市、区、郡、町、村、字及び土地の地番（区分建物である附属建物にあっては、当該附属建物が属する一棟の建物の所在する市、区、郡、町、村、字及び土地の地番）並びに種類、構造及び床面積

六　建物が共用部分又は団地共用部分であるときは、その旨

七　建物又は附属建物が区分建物であるときは、当該建物又は附属建物が属する一棟の建物の構造及び床面積

八　建物又は附属建物が区分建物である場合であって、当該建物又は附属建物が属する一棟の建物の名称があるときは、その名称

九　建物又は附属建物が区分建物である場合において、当該区分建物について区分所有法第二条第六項に規定する敷地利用権（登記されたものに限る。）であって、区分所有法第二十二条第一項本文（同条第三項において準用する場合を含む。）の規定により区分所有者の有する専有部分と分離して処分することができないもの（以下「敷地権」という。）があるときは、その敷地権

2　前項第三号、第五号及び第七号の建物の種類、構造及び床面積に関し必要な事項は、法務省令で定める。


○　不動産登記規則（抄）

（建物の種類）

第百十三条　建物の種類は、建物の主な用途により、居宅、店舗、寄宿舎、共同住宅、事務所、旅館、料理店、工場、倉庫、車庫、発電所及び変電所に区分して定め、これらの区分に該当しない建物については、これに準じて定めるものとする。

2　建物の主な用途が二以上の場合には、当該二以上の用途により建物の種類を定めるものとする。


（建物の床面積）

第百十五条　建物の床面積は、各階ごとに壁その他の区画の中心線（区分建物にあっては、壁その他の区画の内側線）で囲まれた部分の水平

投影面積により、平方メートルを単位として定め、一平方メートルの
百分の一未満の端数は、切り捨てるものとする。


○　**民法（抄）**

**（親族の範囲）**

**第七百二十五条**　次に掲げる者は、親族とする。

　　一　六親等内の血族

　　二　配偶者

　　三　三親等内の姻族

**（一室の区分所有権等に係る敷地利用権の価額）**

**2**　次に掲げる場合のいずれかに該当するときの一室の区分所有権
　　等に係る敷地利用権の価額は、「自用地としての価額」に、次の
　　算式による区分所有補正率を乗じて計算した価額を当該「自用地
　　としての価額」とみなして評価基本通達（評価基本通達25並び
　　に同項により評価する場合における評価基本通達27《借地権の
　　評価》及び27－2《定期借地権等の評価》を除く。）を適用して
　　計算した価額によって評価する。ただし、評価乖離率が零又は負
　　数のものについては、評価しない。

　（算式）

　(1)　評価水準が1を超える場合

　　　区分所有補正率＝評価乖離率

　(2)　評価水準が0.6未満の場合

　　　区分所有補正率＝評価乖離率×0.6

　（注）　1　区分所有者が次のいずれも単独で所有している場合には、「区
　　　　　　分所有補正率」は1を下限とする。
　　　　　　イ　一棟の区分所有建物に存する全ての専有部分
　　　　　　ロ　一棟の区分所有建物の敷地
　　　　　2　評価乖離率を求める算式及び上記(2)の値（0.6）については、
　　　　　　適時見直しを行うものとする。

**《説明》**

　前項の《説明》**3**(2)のとおり、本通達においては、一室の区分所有権
等に係る敷地利用権及び区分所有権のそれぞれの評価額に同一の補正率
（区分所有補正率）を乗じて評価することとしつつ、本項及び次項にお
いて、貸家建付地又は貸家の評価や小規模宅地等の特例などを踏まえ、
それぞれ別々に評価額を算出することとしている。

　本項では、そのうち、一室の区分所有権等に係る敷地利用権の価額の
評価方法について定めており、当該敷地利用権の価額は、評価通達25
《貸宅地の評価》(1)に定める「自用地としての価額」に、次の区分の場
合に応じて、次の区分所有補正率を乗じた価額を当該「自用地としての
価額」とみなして評価通達を適用して計算した価額によって評価するこ

とを明らかにしている。

> （1） 評価水準が1を超える場合
>     区分所有補正率＝評価乖離率
> （2） 評価水準が0.6未満の場合
>     区分所有補正率＝評価乖離率×0.6

　そのため、例えば、貸家建付地に該当する一室の区分所有権等に係る敷地利用権の評価をするに当たっては、当該みなされた「自用地としての価額」を基に、評価通達26《貸家建付地の評価》を適用して評価することとなる。他方で、例えば、借地権付分譲マンションの貸宅地（底地）の評価においては、その借地権の目的となっている土地の上に存する家屋が分譲マンションであってもなくても、土地所有者から見ればその利用の制約の程度は変わらないと考えられることから、評価通達25並びに同項により評価する場合における評価通達27《借地権の評価》及び27-2《定期借地権等の評価》における「自用地としての価額」については、本通達の適用がないことを明らかにしている。

　なお、本通達及び評価通達の定める評価方法によって評価することが著しく不適当と認められる場合には、評価通達6が適用されることから、その結果として、本通達を適用した価額よりも高い価額により評価することもある一方で、マンションの市場価格の大幅な下落その他本通達の定める評価方法に反映されない事情が存することにより、本通達の定める評価方法によって評価することが適当でないと認められる場合には、個別に課税時期における時価を鑑定評価その他合理的な方法により算定し、一室の区分所有権等に係る敷地利用権の価額とすることができる。この点は、他の財産の評価におけるこれまでの扱いと違いはない。

　また、本通達では、前項の《説明》**2**のとおり、予測した市場価格の6割水準までの補正をすることとしているから、1を評価乖離率で除した値（評価乖離率の逆数）である評価水準を基に、上記の区分により評価することとしている。すなわち、評価水準が0.6未満の場合は、自用地としての価額に評価乖離率に0.6を乗じた値を区分所有補正率として乗ずることとし、評価水準が0.6以上1以下の場合は、補正を行わず、評価水準が1を超える場合は、自用地としての価額に評価乖離率を区分

所有補正率として乗ずることとなる。したがって、この評価水準が1を超える場合とは、補正前の評価額（自用地としての価額）が予測した市場価格を超える場合のことであり、この場合の区分所有補正率は1未満となるから、評価額（自用地としての価額）を減額させる計算となる。

　おって、前項の評価乖離率を求める算式において、理論的には、評価乖離率が零や負数になることが考えられるが、仮にこのような場合には、一室の区分所有権等に係る敷地利用権の価額を評価しないこととして取り扱う。ただし、このようなケースはほとんどないものと考えられるが、仮にこのようなケースにおいても、評価通達6の適用が否定される訳ではないことに留意する。

　さらに、区分所有者が、「一棟の区分所有建物に存する全ての専有部分」及び「一棟の区分所有建物の敷地」（全ての専有部分に係る敷地利用権）のいずれも単独で所有している場合についても、区分建物の登記がされた一棟の区分所有建物であることから、当該一棟の区分所有建物の各戸（各専有部分一室）について本通達に基づく評価をする必要がある。ただし、この場合における当該区分所有者が所有する敷地（敷地利用権）については、区分所有財産ではあるものの、一の宅地を所有している場合と同等の経済的価値を有すると考えられる面もあることから、本項の（注）1において、その敷地（敷地利用権）の評価に当たっては、区分所有補正率は「1」を下限（評価乖離率が零又は負数の場合も区分所有補正率は「1」）として、自用地としての価額に乗ずることとしている。

　ところで、前項の評価乖離率を求める算式及び評価水準に係る0.6の値については、本通達が、売買実例価額に基づき統計的に予測した市場価格を考慮して評価額を補正するものである以上、将来のマンションの市場の変化を踏まえたものとする必要があるから、本項の（注）2において、適時見直しを行うことを留意的に明らかにしている。

　この見直しは、3年に1度行われる固定資産税評価の見直し時期に併せて行うことが合理的であり、改めて実際の取引事例についての相続税評価額と売買実例価額との乖離状況等を踏まえ、その要否を含めて行うこととなる。

　なお、取引相場のない株式を評価通達185《純資産価額》により評価する場合においても、本通達が適用されることに留意する。

---

> **（一室の区分所有権等に係る区分所有権の価額）**
>
> **3** 　一室の区分所有権等に係る区分所有権の価額は、「自用家屋と
> しての価額」に、上記**2**に掲げる算式（（注）1を除く。）による
> 区分所有補正率を乗じて計算した価額を当該「自用家屋としての
> 価額」とみなして評価基本通達を適用して計算した価額によって
> 評価する。ただし、評価乖離率が零又は負数のものについては、
> 評価しない。

**《説明》**

　前項と同様に、一室の区分所有権等に係る区分所有権の価額は、評価
通達89《家屋の評価》、89-2《文化財建造物である家屋の評価》又は
92《附属設備等の評価》の定めにより評価したその家屋の価額（自用家
屋としての価額）に、前項の区分所有補正率を乗じて計算した価額を「自
用家屋としての価額」とみなして評価することとしている。そのため、
前項と同様に、例えば、貸家に該当する一室の区分所有権等に係る区分
所有権の評価をするに当たっては、当該みなされた「自用家屋としての
価額」を基に、評価通達93《貸家の評価》を適用して評価することとなる。

　なお、本通達及び評価通達の定める評価方法によって評価することが
著しく不適当と認められる場合に、評価通達6が適用される点について
は、前項と同様である。

　また、前項と異なり、本項の一室の区分所有権等に係る区分所有権の
価額については、区分所有者が、「一棟の区分所有建物に存する全ての
専有部分」及び「一棟の区分所有建物の敷地」のいずれも単独で所有し
ている場合であっても、区分所有補正率は「1」を下限としないことに
留意する。

　おって、本通達1の評価乖離率を求める算式において、理論的には、
評価乖離率が零や負数になることが考えられるが、仮にこのような場合
には、一室の区分所有権等に係る区分所有権の価額を評価しないことと
して取り扱う。ただし、このようなケースはほとんどないものと考えら
れるが、仮にこのようなケースにおいても、評価通達6の適用が否定さ
れる訳ではないことに留意する。

## 3-4　区分所有マンション計算例

それでは事例でどのようになるか計算してみましょう。実際の事例を基にしていますが、数字を切りの良い数値にしています。

### ❶ 【前提条件】

| | | |
|---|---|---|
| 取得価額 | | 17,000万円（評価には必要ない） |
| 相続税評価額（建物・土地） | | 5,000万円（従来の通達評価額） |
| ① | 建物の築年数 | 10年（以下・全部事項証明書より） |
| ② | 建物の総階数 | 13階 |
| ③ | 建物の所在階 | 6階 |
| ④ | 敷地全体の面積 | 9,600㎡ |
| ⑤ | 敷地権の割合 | 1,800,000分の9,000 |
| ⑥ | 専有面積 | 85㎡ |

### ❷ 【計算式】

評価乖離率

$$10 \times \triangle 0.033 + 13 \div 33 \times 0.239 + 6 \times 0.018 + 9,600$$
$$\times 9,000 \div 1,800,000 \div 85 \times \triangle 1.195 + 3.220 = 2.415$$

評価水準

$$1 \div 2.415 \fallingdotseq 0.414$$

### ❸ 【評価額】

5,000万円 × 2.415 × 0.6 = 7,245万円（評価水準が0.6未満であるので0.6を乗ずる。）

##  評価引き上げ後でも取得価額の42%程度

　この事例は東京の13階建ての築10年の分譲マンションの一室ですが、現状取得価額の29.4%の相続税評価額であるところ、改定後は42.6%に上昇します。改正前の評価額の2.415×0.6=1.449倍の評価額となっています。しかし、自己資金であれ借入金による取得であれ、相続税の課税価格の引き下げ効果が相当残ることは間違いありません。

　総階数13階の物件でしかもその6階部分ですので、取得価額の42.6%ですが、タワーマンションの高層階の場合には計算式からして相当大きな上昇となるでしょう。

## ⑤ マンション評価に必要な書類

　改正後のマンション評価には次の書類が必要となります。区分所有マンションは建物の登記事項全部証明書に総階数、新築登記日付、所在階数、土地全体の面積、敷地権の割合、専有床面積が記載されており、これによって評価乖離率を計算することになります。

① 固定資産税の課税明細書又は固定資産課税台帳

② 法務局の登記事項証明書

③ 地積測量図

④ 地籍図

⑤ 公図

⑥ 建物図面・各階平面図

⑦ 市町村役場の都市計画図

⑧ 道路図面

⑨ 賃貸借契約書

## ⑥ 賃貸物件や定期借地物件の場合

　この物件は所有権分譲マンションでしたので土地・建物を一体で計算しています。最近は土地を定期借地権としている物件もありますので、その場合には土地の評価は定期借地権として土地・建物の相続税評価額を計算した上で上記の計算式をあてはめる必要があります。また、その分譲マンションを賃貸している場合には、土地については貸家建付地としての評価減額を、建物については貸家の評価減額を行います。

## ⑦ 新評価通達適用後でも総則6項の適用余地がある

　改正前通達によるマンション評価と新通達による評価とでは相当評価額が上昇するとはいえ、新通達が市場価格の60%を上限とする以上その開差を利用した相続税額引下げ対策が可能です。

　第1章で取り上げたように、著しい相続税額の減額があるなどの判断基準による総則6項の適用は今後もあり得ます。新通達によっても市場価格の60%程度の評価とされる開差を利用して本来負担すべき相続税額を著しく減額するようなマンション取得による対策については、総則6項の適用があり得ることを留意しておく必要があるでしょう。ただし、もともとの相続税額が相当高額な場合に限定されると思われます。

第4章 ケース別
新マンション評価の影響

# タワーマンション40階建て23階の区分所有権

東京都千代田区の40階建てタワーマンションではどのような評価額になるでしょうか。事例で計算してみましょう。

## 1 【前提条件】

### (1) 財産評価基本通達による評価額

敷地利用権　　20,750,000円（路線価による各種補正後の評価額）

建物　　　　　19,405,000円（固定資産税評価額）

合計　　　　　40,155,000円

### (2) マンション評価に必要な情報

| ① | 建物の築年数 | 3年 |
|---|---|---|
| ② | 建物の総階数 | 40階 |
| ③ | 建物の所在階 | 23階 |
| ④ | 敷地全体の面積 | 6,200㎡ |
| ⑤ | 敷地権の割合 | 1,000,000分の1,800 |
| ⑥ | 専有面積 | 72㎡ |

## 2 【評価乖離率】

$$3 × △0.033 + [(40 ÷ 33) → 1] × 0.239 + 23 × 0.018 + 6,200 × 1,800 ÷ 1,000,000 ÷ 72 × △1.195 + 3.220 = 3.588$$

評価水準

$$1 ÷ 3.588 ≒ 0.278$$

## ❸【評価額】

　40,155,000円 × 3.588 × 0.6＝86,445,684円（評価水準が0.6未満であるので0.6を乗ずる。）

## ❹ 評価上昇後でも市場価格の51％

　現状のこのマンションと同等の市場価格は約1億7千万円です。改正前の通達による評価額は4,015万円ですが、新通達では8,645万円と約2.15倍になっています。しかし、市場価格と比較すれば約51％の水準にとどまっています。

# 4-2 タワーマンション43階建て40階の区分所有権

東京都港区の43階建てタワーマンションの40階ではどのような評価額になるでしょうか。事例で計算してみましょう。

## ❶【前提条件】

### (1) 財産評価基本通達による評価額

敷地利用権　　25,876,780円（路線価による各種補正後の評価額）

建物　　　　　18,275,400円（固定資産税評価額）

合計　　　　　44,152,180円

### (2) マンション評価に必要な情報

① 建物の築年数　　　　　　　　　　15年

② 建物の総階数　　　　　　　　　　43階

③ 建物の所在階　　　　　　　　　　40階

④ 敷地全体の面積　　　　　　　7,375.34㎡

⑤ 敷地権の割合　　　10,000,000分の33,144

⑥ 専有面積　　　　　　　　　107.07㎡

## ❷ 登記全部事項証明書の見方

区分所有建物の登記事項全部証明書から上記の①から⑥を導きます（P90 ～ P91参照）。

Ⓐ 表題部［敷地権の表示］の原因及びその日付［登記の日付］に記載の日付から築年数を計算します。この事例では平成21年6月24日となっていますので、令和5年11月現在では14年5

か月経過しており、端数切り上げで15年となります。

Ⓑ　建物の総階数は表題部（一棟の建物の表示）の構造欄の43階建てから確認します。

Ⓒ　建物の所在階数は表題部（専有部分の建物の表示）の③床面積の欄の40階部分で確認します。

Ⓓ　土地全体の面積は表題部（敷地権の目的である土地の表示）の④地積から確認します。

Ⓔ　敷地権の割合は表題部（敷地権の表示）の③敷地権の割合で確認します。

Ⓕ　専有面積は表題部（専有部分の建物の表示）の③床面積の欄の面積で確認します。

## ❸【評価乖離率】

$15 \times \triangle 0.033 + [(43 \div 33) \rightarrow 1] \times 0.239 + 40 \times 0.018 + 7,375.34$
$\times 33,144 \div 10,000,000 \div 107.07 \times \triangle 1.195 + 3.220 = 3.41$

評価水準

$1 \div 3.41 \fallingdotseq 0.293$

## ❹【評価額】

$44,152,180$円$\times 3.41 \times 0.6 = 90,335,360$円（評価水準が0.6未満であるので0.6を乗ずる。）

## ❺ 評価上昇後でも市場価格の約30％

　現状のこのマンションと同等の市場価格は約3億円です。改正前の通達による評価額は4,415万円ですが、新通達では9,033万円と約2.05倍になっています。しかし、市場価格と比較すれば約30％の水準にとどまっています。**4-1**の事例と比較すると築年数が15年と

12年多く経過しており、その分評価乖離率の算定上約0.4近くも低くなります。所在階数が**4-1**の物件では23階であったところこの物件では40階であり、その分評価乖離率が高くなっています。それでもトータルすると評価乖離率が0.178低くなっています。

この物件の敷地利用権の評価明細書と全部事項証明書を次に掲載いたします。正面路線価格に奥行価格補正、側方路線価格に奥行価格補正をして側方路線影響加算、裏面路線価格に奥行価格補正をして二方路線影響加算、側方路線に奥行影響補正の上側方影響加算をしています。その上で不整形地補正及び地積規模の大きな宅地の規模格差補正をしています。

## 図表4-2　土地評価明細書・全部事項証明書

### 土地及び土地の上に存する権利の評価明細書（第１表）

| 局(所) | 署 | 年分 | ページ |
|---|---|---|---|

| | | | | | | | | |
|---|---|---|---|---|---|---|---|---|
| 所在地番 | (住居表示)（　　　） | 所有者 | 住所(所在地) | | 使用者 | 住所(所在地) | | （平成三十一年一月分以降用） |
| | | | 氏名(法人名) | | | 氏名(法人名) | | |

| 地目 | 地積 | 路　　線　　価 | | | | 地形図及び参考事項 |
|---|---|---|---|---|---|---|
| (宅地)山林 田 畑 雑種地 | ㎡ 7,375.34 | 正面 2,380,000 | 側方 1,660,000 | 側方 1,430,000 | 裏面 1,360,000 | |
| 間口距離 136.53 m | 利用区分 自用地 私道 貸宅地 貸家建付借地権 貸家建付地 転貸借地権 借地権 ( ) | | | | ビル街地区 普通住宅地区 高度商業地区 中小工場地区 繁華街地区 大工場地区 普通商業・併用住宅地区 | |
| 奥行距離 54.01 m | | | | | | |

| | | 1 一路線に面する宅地 (正面路線価) (奥行価格補正率) 2,380,000 円 × 0.88 | (1㎡当たりの価額) 円 2,094,400 | A |
|---|---|---|---|---|
| 自 | | 2 二路線に面する宅地 奥行距離：92.99m (A) [側方・裏面 路線価] (奥行価格補正率) [側方 二方 路線影響加算率] 2,094,400 円 + ( 1,660,000 円 × 0.81 × 0.03 ) | (1㎡当たりの価額) 円 2,134,738 | B |
| 用 | | 3 三路線に面する宅地 奥行距離：152.38m (B) [側方・裏面 路線価] (奥行価格補正率) [側方 二方 路線影響加算率] 2,134,738 円 + ( 1,360,000 円 × 0.02 × 0.02 ) | (1㎡当たりの価額) 円 2,156,498 | C |
| 地 | | 4 四路線に面する宅地 奥行距離：86.69m (C) [側方 裏面 路線価] (奥行価格補正率) [側方 二方 路線影響加算率] 2,156,498 円 + ( 1,430,000 円 × 0.82 × 0.03 ) | (1㎡当たりの価額) 円 2,191,676 | D |
| 1 | | 5-1 間口が狭小な宅地等 (AからDまでのうち該当するもの) (間口狭小補正率) (奥行長大補正率) 円 × ( × ) | (1㎡当たりの価額) 円 | E |
| 平 方 メ | | 5-2 不 整 形 地 (AからDまでのうち該当するもの) 不整形地補正率※ 2,191,676 円 × 0.70 ※不整形地補正率の計算 (想定整形地の間口距離) (想定整形地の奥行距離) (想定整形地の地積) 121,024 m × 99.42 m ＝ 12,032,206.08 ㎡ (想定整形地の地積) (不整形地の地積) (想定整形地の地積) (かげ地割合) ( 12,032,206.08 ㎡ － 7,375.34 ㎡ ) ÷ 12,032,206.08 ㎡ ＝ 99.93 ％ (不整形地補正率表の補正率) (間口狭小補正率) (小数点以下2 位未満切捨て) [不整形地補正率 0.70 × 1.00 ＝ 0.70 ① (①、②のいずれか低い率、0.6を下限とする。)] (奥行長大補正率) (間口狭小補正率) 1.00 × 1.00 ＝ 1.00 ② 0.70 | (1㎡当たりの価額) 円 1,534,173 | F |
| ー ト ル | | 6 地積規模の大きな宅地 (AからFまでのうち該当するもの) 規模格差補正率※ 1,534,173 円 × 0.69 ※規模格差補正率の計算 (地積(Ⓐ)) (Ⓑ) (Ⓒ) (地積(Ⓐ)) (小数点以下2位未満切捨て) { ( 7,375.34 ㎡ × 0.80 + 475 ) ÷ 7,375.34 ㎡ } × 0.8 ＝ 0.69 | (1㎡当たりの価額) 円 1,058,579 | G |
| 当 た | | 7 無 道 路 地 (F 又はGのうち該当するもの) (※) 円 × ( 1 － ) ※割合の計算 (0.4 を上限とする。) (正面路線価) (通路部分の地積) F 又はGのうち該当するもの (評価対象地の地積) 円 × ( ㎡ ) ÷ ( 円 × ㎡ ) ＝ | (1㎡当たりの価額) 円 | H |
| り の | | 8-1 がけ地等を有する宅地 [ 南 、 東 、 西 、 北 ] (AからHまでのうち該当するもの) (がけ地補正率) 円 × | (1㎡当たりの価額) 円 | I |
| 価 | | 8-2 土砂災害特別警戒区域内にある宅地 (AからHまでのうち該当するもの) 特別警戒区域補正率※ 円 × ※がけ地補正率の適用がある場合の特別警戒区域補正率の計算 (0.5 を下限とする。) [ 南 、 東 、 西 、 北 ] (特別警戒区域補正率表の補正率) (がけ地補正率) (小数点以下2 位未満切捨て) × ＝ | (1㎡当たりの価額) 円 | J |
| 額 | | 9 容積率の異なる2 以上の地域にわたる宅地 (AからJまでのうち該当するもの) (控除割合 (小数点以下3 位未満四捨五入)) 円 × ( 1 － ) | (1㎡当たりの価額) 円 | K |
| | | 10 私 道 (AからKまでのうち該当するもの) 円 × 0.3 | (1㎡当たりの価額) 円 | L |

| 自用地の評価額 | 自用地1平方メートル当たりの価額 (AからLまでのうちの該当記号) ( G ) 円 1,058,579 | 地 積 ㎡ 7,375.34 | 総 額 (自用地1㎡当たりの価額) × (地 積) 円 7,807,380,041 | M |
|---|---|---|---|---|

(注) 1　5-1の「間口が狭小な宅地等」と 5-2の「不整形地」は重複して適用できません。
2　5-2の「不整形地」の「AからDまでのうち該当するもの」 について、AからDまでの欄で計算できない場合には、（第2表）の「備考」欄等で計算してください。
3　「がけ地等を有する宅地」であり、かつ、「土砂災害特別警戒区域内にある宅地」である場合については、8-1の「がけ地等を有する宅地」 欄ではなく、8-2の「土砂災害特別警戒区域内にある宅地」欄で計算してください。

(資4-25-1-A4統一)

## 土地及び土地の上に存する権利の評価額の計算に関する内訳明細書 　所在地番 □

| 項　　目 | 内　　　　　容 |
|---|---|
| 共有の場合等 | （全体の評価額）　　（敷地権割合）　　（持分の評価額）<br>$7,807,380,041$ 円 $\times \dfrac{33144}{10000000} = $　$25,876,780$ 円 |

（平成30年１月１日以降用）「地積規模の大きな宅地の評価」の適用要件チェックシート（１面）

（はじめにお読みください。）
1　このチェックシートは、財産評価基本通達20−2に定める「地積規模の大きな宅地」に該当するかを確認する際にご使用ください（宅地等の評価額を計算するに当たっては、「土地及び土地の上に存する権利の評価明細書」をご使用ください。）。
2　評価の対象となる宅地等が、<u>路線価地域にある場合はA表</u>を、<u>倍率地域にある場合はA表及びB表</u>をご使用ください。
3　<u>「確認結果」欄の全てが「はい」の場合</u>にのみ、「地積規模の大きな宅地の評価」を適用して評価することになります。
4　「地積規模の大きな宅地の評価」を適用して申告する場合、このチェックシートを「土地及び土地の上に存する権利の評価明細書」に添付してご提出ください。

| 宅地等の所在地番 | | 地　積 | 7,375.34 ㎡ |
|---|---|---|---|
| 所有者 | 住　所（所在地） | 評価方式 | （路線価）・倍率 |
| | 氏　名（法人名） | | （A表で判定）　（A表及びB表で判定） |
| 財産所有者 | 氏　名 | 評価（課税）時期 | 令和5年7月10日 |

【A表】

| 項　目 | 確認内容（適用要件） | 確認結果 | |
|---|---|---|---|
| 面　積 | ○　評価の対象となる宅地等（※2）は、次に掲げる面積を有していますか。<br>①　三大都市圏（注1）に所在する宅地については、<u>500㎡以上</u><br>②　上記以外の地域に所在する宅地については、<u>1,000㎡以上</u> | はい | いいえ |
| 地区区分 | ○　評価の対象となる宅地等は、路線価図上、次に掲げる地区のいずれかに所在しますか。<br>①　**普通住宅地区**<br>②　**普通商業・併用住宅地区**<br>＊　評価の対象となる宅地等が倍率地域にある場合、普通住宅地区内に所在するものとしますので、確認結果は「はい」を選択してください。 | はい | いいえ |
| 都市計画（※1） | ○　評価の対象となる宅地等は、市街化調整区域（注2）<u>以外</u>の地域に所在しますか。<br>＊　評価の対象となる宅地等が都市計画法第34条第10号又は第11号の規定に基づき宅地分譲に係る開発行為（注3）ができる区域にある場合、確認結果は「はい」を選択してください。 | はい | いいえ |
| | ○　評価の対象となる宅地等は、都市計画の用途地域（注4）が「工業専用地域」（注5）に指定されている地域<u>以外</u>の地域に所在しますか。<br>＊　評価の対象となる宅地等が用途地域の定められていない地域にある場合、「工業専用地域」に指定されている地域以外の地域に所在するものとなりますので、確認結果は「はい」を選択してください。 | はい | いいえ |
| 容積率（※1） | ○　評価の対象となる宅地等は、次に掲げる容積率（注6）の地域に所在しますか。<br>①　東京都の特別区（注7）に所在する宅地については、<u>300%未満</u><br>②　上記以外の地域に所在する宅地については、<u>400%未満</u> | はい | いいえ |

【B表】

| 項　目 | 確認内容（適用要件） | 確認結果 | |
|---|---|---|---|
| 大規模工場用地 | ○　評価の対象となる宅地等は、「大規模工場用地」（注8）に<u>該当しない土地</u>ですか。<br>＊　該当しない場合は「はい」を、該当する場合は「いいえ」を選択してください。 | はい | いいえ |

※1　都市計画の用途地域や容積率等については、評価の対象となる宅地等の所在する市（区）町村のホームページ又は窓口でご確認ください。
　2　市街地農地、市街地周辺農地、市街地山林及び市街地原野についても、それらが宅地であるとした場合に上記の確認内容（適用要件）を満たせば、「地積規模の大きな宅地の評価」の適用があります（宅地への転用が見込めないと認められるものを除きます。）。
　3　注書については、2面を参照してください。

| 専有部分の家屋番号 | 14001－1－1　～　14001－1－18　14001－1－100　14001－1－101<br>14001－1－200　14001－1－203　14001－1－301　～<br>14001－1－308　14001－1－401　～　14001－1－413　14001－1－501<br>～　14001－1－514　14001－1－601　～　14001－1－614<br>14001－1－701　～　14001－1－714　14001－1－801　～<br>14001－1－814　14001－1－901　～　14001－1－913　14001－1－1001<br>～　14001－1－1014　14001－1－1101　～　14001－1－1114<br>14001－1－1201　～　14001－1－1214　14001－1－1301　～<br>14001－1－1313　14001－1－1401　～　14001－1－1413<br>14001－1－1501　～　14001－1－1514　14001－1－1601　～<br>14001－1－1614　14001－1－1701　～　14001－1－1714<br>14001－1－1801　～　14001－1－1814　14001－1－1901　～<br>14001－1－1913　14001－1－2112　～　14001－1－2014<br>14001－1－2101　～　14001－1－1814　14001－1－2201　～<br>14001－1－2212　14001－1－2301　～　14001－1－2312<br>14001－1－2401　14001－1－2411　14001－1－2501　～<br>14001－1－2512　14001－1－2601　～　14001－1－2612<br>14001－1－2701　～　14001－1－2714　14001－1－2801　～<br>14001－1－2814　14001－1－2901　～　14001－1－2913<br>14001－1－3001　～　14001－1－3014　14001－1－3101　～<br>14001－1－3114　14001－1－3201　～　14001－1－3214<br>14001－1－3301　～　14001－1－3314　14001－1－3401　～<br>14001－1－3413　14001－1－3501　～　14001－1－3514<br>14001－1－3601　～　14001－1－3610　14001－1－3701　～<br>14001－1－3710　14001－1－3801　～　14001－1－3811<br>14001－1－3901　～　14001－1－3911　14001－1－4001　～<br>14001－1－4010　14001－1－4101　～　14001－1－4110<br>14001－1－4201　～　14001－1－4210　14001－1－4301　～<br>14001－1－4307 |

| 表　題　部　　（棟の建物の表示） | 調整 | 余白 | | 所在区番号 | 余白 |

| 所　　　在 | ○○○○○△△番 | | 余白 |
| 建物の名称 | ○○○○○○○○○ | | 余白 |

| ①　構　　　造 | ②　床　面　積　　　㎡ | 原因及びその日付（登記の日付） |
|---|---|---|
| 鉄筋コンクリート造陸屋根<br>地下2階付き 43階建<br>Ⓑ | 1階　　　3770：93<br>2階　　　2157：59<br>3階　　　1037：95<br>4階　　　1241：62<br>5階　　　1277：48<br>6階　　　1277：48<br>7階　　　1277：48<br>8階　　　1277：48<br>9階　　　1267：48<br>10階　　1277：48<br>11階　　1277：48<br>12階　　1277：48<br>13階　　1277：19<br>14階　　1267：07<br>15階　　1277：48<br>16階　　1277：48<br>17階　　1277：48<br>18階　　1277：48<br>19階　　1267：07<br>20階　　1277：48<br>21階　　1278：47<br>22階　　1278：47<br>23階　　1278：47<br>24階　　1268：06<br>25階　　1278：48<br>26階　　1504：54<br>27階　　1496：16<br>28階　　1496：16<br>29階　　1496：16<br>30階　　1496：16<br>31階　　1496：16<br>32階　　1496：16<br>33階　　1496：16<br>34階　　1486：40<br>35階　　1496：16<br>36階　　1496：16<br>37階　　1464：02<br>38階　　1496：16<br>39階　　1487：16<br>40階　　1496：16<br>41階　　1496：16<br>42階　　1496：16<br>43階　　1495：73<br>地下1階　3836：81<br>地下2階　1567：30 | ［平成21年6月24日］<br>Ⓐ |

| 表　題　部　(敷地権の目的である土地の表示) | | | | | |
|---|---|---|---|---|---|
| ①土地の符号 | ②　所　在　及　び　地　番 | ③地　目 | ④　地　積　㎡ | | 登　記　の　日　付 |
| 1 | ○○○○○△△番 | 宅地 | ⒟▶ 7375：34 | | 平成21年6月24日 |

| 表　題　部　(専有部分の建物の表示) | | | 不動産番号 | 0 1 0 4 0 0 1 1 7 4 ＊＊＊ |
|---|---|---|---|---|
| 家屋番号 | | | 余白 | |
| 建物の名称 | 4004 | | 余白 | |
| ①　種　類 | ②　構　造 | ③　床　面　積　㎡ | 原因及びその日付（登記の日付） | |
| 居宅 | 鉄筋コンクリート造1階建て | ⒞▶ 40階部分　　ⓕ▶ 107：07　　： | 平成21年6月24日新築〔平成21年6月24日〕 | |

| 表　題　部　(敷地権の種類) | | | | |
|---|---|---|---|
| ①土地の符号 | ②敷地権の種類 | ③　敷　地　権　の　割　合 | 原因及びその日付（登記の日付） |
| 1 | 所有権 | ⒠▶ 1000万分の33144 | 平成21年6月24日敷地権〔平成21年6月24日〕 |

# 特定居住用宅地等の 小規模宅地等評価減額の適用

 特定居住用宅地等の小規模宅地等の特例の適用を受けた場合

**4-1**の物件について、特定居住用宅地等の小規模宅地等の特例の適用を受けることができた場合はどうなるでしょう。

**【敷地利用権の評価額】**

自用地としての敷地利用権の価格20,750,000円に補正率3,588 × 0.6をかけると敷地利用権の価額は44,670,600円となります。

**【特定居住用宅地等の小規模宅地等の減額】**

特定居住用宅地等の小規模宅地等の特例の適用は、被相続人と同居していた者が取得した場合であるとか、同居者でない場合には自己所有の自宅を保有していない者が取得した場合とかの適用要件が厳しいのですが、適用を受けることができれば適用対象の敷地面積330㎡までの評価額の80%の減額の適用を受けることができますので非常に大きな課税価格の減額があります。

⑴　適用面積

敷地権の面積はこのマンションの敷地面積である6,200㎡にこのマンション一室の敷地権割合である1,000,000分の1,800を乗じた11.16㎡です。

⑵　減額される金額

特定居住用宅地等の小規模宅地等の特例の適用面積は最大330㎡

ですので、全体が減額対象となり、44,670,600円×80%=35,736,480円が減額されます。

　この一室の区分所有権の評価額は86,445,684円ですから、特定居住用宅地等の小規模宅地等の減額特例の適用を受けた後の課税価額は差し引き50,709,204円となります。

## ❷ 貸付事業用宅地の小規模宅地等の減額特例との関係

　被相続人の居住用以外に賃貸物件を所有していると、賃貸物件の敷地についても貸付事業用宅地としての小規模宅地等の減額特例の適用を受けることができます。それ以外にも特定事業用宅地等や特定同族会社事業用宅地等の小規模宅地等の減額特例がありますが、これらは被相続人又はその同族会社が事業を行っていた場合に限られます。

　貸付事業用宅地等についても被相続人の相続開始前3年を超えて貸付けていたかどうかなどの適用要件がありますが、賃貸物件を所有しているとその敷地に適用されるため適用可能性が高いといえます。

　その適用限度面積は200㎡までで、減額割合は50%とされていますが、特定居住用宅地等と併用することができます。貸付事業用宅地等と特定居住用宅地等を併用する場合の適用面積は次の算式によります。

　　200㎡－特定居住用宅地等適用面積×200㎡÷330㎡

　この事例の場合には次のように最大193.24㎡まで貸付事業用宅地等の適用を受けることができます。

　　200㎡－11.16㎡×200㎡÷330㎡＝193.24㎡

　仮にその土地193.24㎡の自用地評価額が4,000万円であれば、2,000万円減額されることとなります。

## 3 都心一等地のタワーマンションの特定居住用宅地等の小規模宅地等の減額特例の効果は高い

　この事例のようにタワーマンションの敷地利用権の評価額は高額であるため、その敷地面積当たりの単価が高く、特定居住用宅地等の減額効果は非常に高くなります。利用している敷地面積が狭小であるため、貸付事業用宅地の小規模宅地等の減額特例の適用可能面積が比較的有利に利用できることになります。

**4-4** 定期借地権付分譲マンションの評価

 **定期借地権付分譲マンションの評価**

　都心においては土地の権利が敷地利用権ではなく定期借地権である分譲マンションが見受けられます。その場合には敷地の評価を所有権ではなく、定期借地権として評価する必要があります。定期借地権を設定する際には、土地所有者との間で設定に際して権利金を支払う契約、保証金を支払う契約、一括前払い地代を支払う契約など様々あります。

**② 定期借地権の評価方法**

　財産評価基本通達においては、建物譲渡特約付借地権や事業用定期借地権及び一般定期借地権のＡ地域・Ｂ地域及びそれ以外の地域でも同族関係者等に対する定期借地権設定では原則的評価方法で評価することとされています。

　通常販売されているＡ地域・Ｂ地域以外の地域の一般定期借地権分譲マンションの評価は次によって評価することができます。

　一般定期借地権評価額
　＝自用地の相続税評価額×（１－底地割合）×逓減率

$$逓減率 = \frac{課税時期におけるその一般定期借地権の残存期間の年数に応じる基準年利率による複利年金現価率}{一般定期借地権の設定期間年数に応じる基準年利率による複利年金現価率}$$

図表4-4 一般定期借地権が設定された時点の底地割合

| 路線価図の地域区分 | 普通借地権割合 | 一般定期借地権が設定された時点の底地割合（d） |
|---|---|---|
| C地域 | 70% | 55% |
| D地域 | 60% | 60% |
| E地域 | 50% | 65% |
| F地域 | 40% | 70% |
| G地域 | 30% | 75% |

A地域（普通借地権割合90%）、B地域（同80%）については原則計算によります。

## 4-5 事例で計算する 定期借地権付分譲マンションの評価

**4-2**の事例が次の前提条件で定期借地権付分譲マンションとして販売されたものとして評価額を計算してみましょう。

### ❶ 【前提条件】

| | | |
|---|---|---|
| (1) | 一般定期借地権契約期間 | 60年 |
| (2) | 路線価図の地域区分 | D地域 |
| (3) | 経過期間 | 15年 |
| (4) | 4-2の敷地利用権の価格 | 25,876,780円 |
| (5) | 令和5年6月の基準年利率（7年以上） | 0.75% |
| (6) | 0.75%の60年の複利年金現価率 | 48.173 |
| (7) | 0.75%の60年−15年=45年の複利年金現価率 | 38.073 |

### ❷ 【計算式】

(1) **定期借地利用権の価格**

25,876,780円×（1−60%）×38.073÷48.173=8,180,571円

8,180,571円×3.41×0.6=16,737,448円（区分所有補正率適用後）

(2) **建物の価格**

18,275,400円×3.41×0.6=37,391,468円（区分所有補正率適用後）

(3) **区分所有建物に係る定期借地利用権等の価格**

16,737,448円＋37,391,468円=54,128,916円（区分所有補正率適用後）

定期借地権が設定された分譲マンションの定期借地利用権は、設定時点で自用地価格から地域に応じた底地割合を控除して評価しま

図表4-5　令和5年6月の基準年利率の複利表

| 区分 | 年数 | 年0.01%の<br>複利年金現価率 | 年0.01%の<br>複利現価率 | 年0.01%の<br>年賦償還率 | 年1.5%の<br>複利終価率 |
|---|---|---|---|---|---|
| 短期 | 1 | 1.000 | 1.000 | 1.000 | 1.015 |
|  | 2 | 2.000 | 1.000 | 0.500 | 1.030 |

| 区分 | 年数 | 年0.05%の<br>複利年金現価率 | 年0.05%の<br>複利現価率 | 年0.05%の<br>年賦償還率 | 年1.5%の<br>複利終価率 |
|---|---|---|---|---|---|
| 中期 | 3 | 2.997 | 0.999 | 0.334 | 1.045 |
|  | 4 | 3.995 | 0.998 | 0.250 | 1.061 |
|  | 5 | 4.993 | 0.998 | 0.200 | 1.077 |
|  | 6 | 5.990 | 0.997 | 0.167 | 1.093 |

| 区分 | 年数 | 年0.75%の<br>複利年金現価率 | 年0.75%の<br>複利現価率 | 年0.75%の<br>年賦償還率 | 年1.5%の<br>複利終価率 |
|---|---|---|---|---|---|
| 長期 | 7 | 6.795 | 0.949 | 0.147 | 1.109 |
|  | 8 | 7.737 | 0.942 | 0.129 | 1.126 |
|  | 9 | 8.672 | 0.935 | 0.115 | 1.143 |
|  | 10 | 9.600 | 0.928 | 0.104 | 1.160 |
|  | 11 | 10.521 | 0.921 | 0.095 | 1.177 |
|  | 12 | 11.435 | 0.914 | 0.087 | 1.195 |
|  | 13 | 12.342 | 0.907 | 0.081 | 1.213 |
|  | 14 | 13.243 | 0.901 | 0.076 | 1.231 |
|  | 15 | 14.137 | 0.894 | 0.071 | 1.250 |
|  | 16 | 15.024 | 0.887 | 0.067 | 1.268 |
|  | 17 | 15.905 | 0.881 | 0.063 | 1.288 |
|  | 18 | 16.779 | 0.874 | 0.060 | 1.307 |
|  | 19 | 17.647 | 0.868 | 0.057 | 1.326 |
|  | 20 | 18.508 | 0.861 | 0.054 | 1.346 |
|  | 21 | 19.363 | 0.855 | 0.052 | 1.367 |
|  | 22 | 20.211 | 0.848 | 0.049 | 1.387 |
|  | 23 | 21.053 | 0.842 | 0.047 | 1.408 |
|  | 24 | 21.889 | 0.836 | 0.046 | 1.429 |
|  | 25 | 22.719 | 0.830 | 0.044 | 1.450 |
|  | 26 | 23.542 | 0.823 | 0.042 | 1.472 |
|  | 27 | 24.359 | 0.817 | 0.041 | 1.494 |
|  | 28 | 25.171 | 0.811 | 0.040 | 1.517 |
|  | 29 | 25.976 | 0.805 | 0.038 | 1.539 |
|  | 30 | 26.775 | 0.799 | 0.037 | 1.563 |
|  | 31 | 27.568 | 0.793 | 0.036 | 1.586 |
|  | 32 | 28.356 | 0.787 | 0.035 | 1.610 |
|  | 33 | 29.137 | 0.781 | 0.034 | 1.634 |
|  | 34 | 29.913 | 0.776 | 0.033 | 1.658 |
|  | 35 | 30.683 | 0.770 | 0.033 | 1.683 |

(注) 1　複利年金現価率、複利現価率及び年賦償還率は小数点以下第4位を四捨五入により、複利終価率は小数点以下第4位を切捨てにより作成している。
　　 2　複利年金現価率は、定期借地権等、著作権、営業権、鉱業権等の評価に使用する。
　　 3　複利現価率は、定期借地権等の評価における経済的利益（保証金等によるもの）の計算並びに特許権、信託受益権、清算中の会社の株式及び無利息債務等の評価に使用する。

| 区分 | 年数 | 年0.75%の<br>複利年金現価率 | 年0.75%の<br>複利現価率 | 年0.75%の<br>年賦償還率 | 年1.5%の<br>複利終価率 |
|---|---|---|---|---|---|
| | 36 | 31.447 | 0.764 | 0.032 | 1.709 |
| | 37 | 32.205 | 0.758 | 0.031 | 1.734 |
| | 38 | 32.958 | 0.753 | 0.030 | 1.760 |
| | 39 | 33.705 | 0.747 | 0.030 | 1.787 |
| | 40 | 34.447 | 0.742 | 0.029 | 1.814 |
| | 41 | 35.183 | 0.736 | 0.028 | 1.841 |
| | 42 | 35.914 | 0.731 | 0.028 | 1.868 |
| | 43 | 36.639 | 0.725 | 0.027 | 1.896 |
| | 44 | 37.359 | 0.720 | 0.027 | 1.925 |
| | 45 | 38.073 | 0.714 | 0.026 | 1.954 |
| | 46 | 38.782 | 0.709 | 0.026 | 1.983 |
| | 47 | 39.486 | 0.704 | 0.025 | 2.013 |
| | 48 | 40.185 | 0.699 | 0.025 | 2.043 |
| | 49 | 40.878 | 0.693 | 0.024 | 2.074 |
| | 50 | 41.566 | 0.688 | 0.024 | 2.105 |
| | 51 | 42.250 | 0.683 | 0.024 | 2.136 |
| | 52 | 42.928 | 0.678 | 0.023 | 2.168 |
| | 53 | 43.601 | 0.673 | 0.023 | 2.201 |
| | 54 | 44.269 | 0.668 | 0.023 | 2.234 |
| 長期 | 55 | 44.932 | 0.663 | 0.022 | 2.267 |
| | 56 | 45.590 | 0.658 | 0.022 | 2.301 |
| | 57 | 46.243 | 0.653 | 0.022 | 2.336 |
| | 58 | 46.891 | 0.648 | 0.021 | 2.371 |
| | 59 | 47.535 | 0.643 | 0.021 | 2.407 |
| | 60 | 48.173 | 0.639 | 0.021 | 2.443 |
| | 61 | 48.807 | 0.634 | 0.020 | 2.479 |
| | 62 | 49.437 | 0.629 | 0.020 | 2.517 |
| | 63 | 50.061 | 0.625 | 0.020 | 2.554 |
| | 64 | 50.681 | 0.620 | 0.020 | 2.593 |
| | 65 | 51.296 | 0.615 | 0.019 | 2.632 |
| | 66 | 51.907 | 0.611 | 0.019 | 2.671 |
| | 67 | 52.513 | 0.606 | 0.019 | 2.711 |
| | 68 | 53.115 | 0.602 | 0.019 | 2.752 |
| | 69 | 53.712 | 0.597 | 0.019 | 2.793 |
| | 70 | 54.305 | 0.593 | 0.018 | 2.835 |

4　年賦償還率は、定期借地権等の評価における経済的利益（差額地代）の計算に使用する。
5　複利終価率は、標準伐期齢を超える立木の評価に使用する。

す。この事例ではD地域のため60%が底地割合となります。期間の経過とともに定期借地権の権利が減少していきますので、契約期間に応ずる複利年金現価率を分母として、残存期間に対応する複利年金現価率を分子として評価時点の評価額を算定します。このようにして定期借地利用権を計算し、建物価格とともに区分所有補正率を乗じて補正をして評価額を算定します。

　なお、複利年金現価率は毎月変動しますので評価の都度国税庁ホームページの基準年利率の複利表を確認する必要があります。

# 4-6 区分所有建物を賃貸しているケース

　東京港区の11階建ての7階を所有し、賃貸物件として運用している例で計算してみましょう。

## 1 【前提条件】

### (1) 財産評価基本通達による自用地評価額

敷地利用権　　48,488,829円（路線価による各種補正後の評価額）

建物　　　　　15,803,100円（固定資産評価額）

合計　　　　　64,291,929円

### (2) 貸家及び貸家建付地としての評価額

敷地利用権　　38,306,175円（貸家建付地）

建物　　　　　11,062,170円

合計　　　　　49,368,345円

### (3) マンション評価に必要な情報

① 建物の築年数　　　　　　　　　8年

② 建物の総階数　　　　　　　　　11階

③ 建物の所在階　　　　　　　　　7階

④ 敷地全体の面積　　　　　6,151.43㎡

⑤ 敷地権の割合　　1,106,311分の8,959

⑥ 専有面積　　　　　　　　　86.13㎡

⑦ 路線価の地域区分　　　　　　C地域

## ❷【評価乖離率】

$8 \times \triangle 0.033 + 11 \div 33 \times 0.239 + 7 \times 0.018 + 6,151.43 \times 8,959$

$\div 1,106,311 \div 86.13 \times \triangle 1.195 + 3.220 = 2.469$

評価水準

$1 \div 2.469 \div 0.405$

∴評価水準が0.6未満であるので評価乖離率に0.6を乗ずる

## ❸【自用評価額】

| | |
|---|---|
| 敷地利用権 | $48,488,829$ 円 $\times 2.469 \times 0.6 = 71,831,351$ 円 |
| 建物 | $15,803,100$ 円 $\times 2.469 \times 0.6 = 23,410,712$ 円 |
| 合計 | $95,242,063$ 円 |

## ❹【賃貸区分所有建物としての評価額】

| | |
|---|---|
| 敷地利用権 | $71,831,351$ 円 $\times（1 - 0.7 \times 0.3）= 56,746,767$ 円 |
| 建物 | $23,410,712$ 円 $\times（1 - 0.3）= 16,387,498$ 円 |
| 合計 | $73,134,265$ 円 |

## ❺ 評価上昇後でも市場価格の約37%

　現状のこのマンションと同等の市場価格は約2億6千万円です。改正前の通達による自用評価額は6,429万円ですが、新通達では9,524万円と約1.48倍になっています。しかし、市場価格と比較すれば約37%の水準にとどまっています。賃貸していますのでそれぞれ敷地利用権は貸家建付地として貸した建付地割合を、建物は貸家として借家権割合を控除します。

　この物件の登記事項証明書を次に掲載いたします。正面路線価格に奥行価格補正、裏面路線価格に奥行価格補正をして二方路線影響加算をしています。その上で不整形地補正をしています。

## 図表4-6 土地評価明細書・全部事項証明書

土地及び土地の上に存する権利の評価明細書（第1表）

| 局(所) | 署 | 年分 | ページ |
|---|---|---|---|

（平成三十一年一月分以降用）

| （住居表示） | （　　　　　） | 住　所（所在地） | | 住　所（所在地） | |
|---|---|---|---|---|---|
| 所 在 地 番 | | 所有者 氏　名（法人名） | | 使用者 氏　名（法人名） | |

| 地　目 | 地　積 | 路　　　線　　　価 | | | | 地 |
|---|---|---|---|---|---|---|
| （宅地）山　林 田　　雑種地 畑 | ㎡ 6,151.43 | 正　面 1,330,000 円 | 側　方 円 | 側　方 円 | 裏　面 1,120,000 円 | 形図及び参考事項 |

| 間口距離 | 88.019 m | 利用区分 | 自用地 | 私　道 | 地区区分 | ビル街地区 | （普通住宅地区） |
|---|---|---|---|---|---|---|---|
| 奥行距離 | 69.88 m | | 貸宅地 貸家建付地 借地権 | 貸家建付借地権 転貸借地権 （　　） | | 高度商業地区 繁華街地区 普通商業・併用住宅地区 | 中小工場地区 大工場地区 |

| | | | (1㎡当たりの価額) | |
|---|---|---|---|---|
| 自 用 地 1 平 方 メ ー ト ル 当 た り の 価 額 | 1 一路線に面する宅地 （正面路線価） （奥行価格補正率） 1,330,000 円 × 0.84 | | 円 1,117,200 | A |
| | 2 二路線に面する宅地 奥行距離：100.02m （A） ［側方・裏面 路線価］ （奥行価格補正率） ［側方・二方 路線影響加算率］ 1,117,200 円 ＋ （ 1,120,000 円 × 0.80 × 0.02 × $\frac{11.71m}{17.436m + 111.225 m}$ ） | | 円 1,118,830 | B |
| | 3 三路線に面する宅地 （B） ［側方・裏面 路線価］ （奥行価格補正率） ［側方・二方 路線影響加算率］ 円 ＋ （ 円 × × ） | | 円 | C |
| | 4 四路線に面する宅地 （C） ［側方・裏面 路線価］ （奥行価格補正率） ［側方・二方 路線影響加算率］ 円 ＋ （ 円 × × ） | | 円 | D |
| | 5-1 間口が狭小な宅地等 （AからDまでのうち該当するもの） （間口狭小補正率） （奥行長大補正率） 円 × （ . × . ） | | 円 | E |
| | 5-2 不　整　形　地 （AからDまでのうち該当するもの） 不整形地補正率※ 1,118,830 円 × 0.87 ※不整形地補正率の計算 （想定整形地の間口距離） （想定整形地の奥行距離） （想定整形地の地積） 98.165 m × 129.77 m ＝ 12,738.87205㎡ （想定整形地の地積） （不整形地の地積） （想定整形地の地積） （かげ地割合） （12,738.87205㎡ － 6,151.43 ㎡） ÷ 12,738.87205㎡ ＝ 51.71 ％ （不整形地補正率表の補正率） （間口狭小補正率） （小数点以下2 位未満切捨て） ［不整形地補正率 （①、②のいずれか低い 率、0.6を下限とする。）］ 0.87 × 1.00 ＝ 0.87 ① （奥行長大補正率） （間口狭小補正率） 1.00 × 1.00 ＝ 1.00 ② 0.87 | | 973,382 | F |
| | 6 地積規模の大きな宅地 （AからFまでのうち該当するもの） 規模格差補正率※ 円 × . ※規模格差補正率の計算 （地積（Ⓐ）） （Ⓑ） （Ⓒ） （地積（Ⓐ）） （小数点以下2位未満切捨て） ｛（ ㎡× ＋ ）÷ ㎡｝× 0.8 ＝ | | 円 | G |
| | 7 無　道　路　地 （F 又はGのうち該当するもの） （※） 円 × （ 1 － ） ※割合の計算（0.4を上限とする。） （正面路線価） （通路部分の地積） ［F 又はGのうち 該当するもの］ （評価対象地の地積） （ 円 × ㎡）÷（ 円 × ㎡） | | 円 | H |
| | 8-1 がけ地等を有する宅地 ［ 南 、 東 、 西 、 北 ］ （AからHまでのうち該当するもの） （がけ地補正率） 円 × . | | 円 | I |
| | 8-2 土砂災害特別警戒区域内にある宅地 （AからHまでのうち該当するもの） 特別警戒区域補正率※ 円 × . ※がけ地補正率の適用がある場合の特別警戒区域補正率の計算（0.5を下限とする。） ［ 南 、 東 、 西 、 北 ］ （特別警戒区域補正率表の補正率） （がけ地補正率） （小数点以下2位未満切捨て） . × . ＝ . | | 円 | J |
| | 9 容積率の異なる2以上の地域にわたる宅地 （AからJまでのうち該当するもの） （控除割合（小数点以下3 位未満四捨五入）） 円 × （ 1 － . ） | | 円 | K |
| | 10 私　　　道 （AからKまでのうち該当するもの） 円 × 0.3 | | 円 | L |

| 自用地の評価額 | 自用地1平方メートル当たりの価額 （AからLまでのうち該当記号） | 地　積 | 総　　　　　額 （自用地1㎡当たりの価額）×（地　積） | |
|---|---|---|---|---|
| | （ F ） 973,382 円 | ㎡ 6,151.43 | 円 5,987,691,236 | M |

（注）1　5-1の「間口が狭小な宅地等」と5-2の「不整形地」は重複して適用できません。
　　　2　5-2の「不整形地」の「AからDまでのうち該当するもの」欄の価額について、AからDまでの欄で計算できない場合には、（第2表）の
　　　　「備考」欄等で計算してください。
　　　3　「がけ地等を有する宅地」であり、かつ、「土砂災害特別警戒区域内にある宅地」である場合については、8-1の「がけ地等を有する宅地」
　　　　欄ではなく、8-2の「土砂災害特別警戒区域内にある宅地」欄で計算してください。

（資4-25-1-A4統一）

## 土地及び土地の上に存する権利の評価明細書（第2表）

| | | | | | 記号 | |
|---|---|---|---|---|---|---|
| セットバックを必要とする宅地の評価額 | （自用地の評価額）　円 － （ （自用地の評価額）　円 × 該当地積 ㎡ / 総地積 ㎡ × 0.7 ） | | | （自用地の評価額）　円 | N | 平成三十一年一月分以降用 |
| 都市計画道路予定地の区域内にある宅地の評価 | （自用地の評価額）　円 × （補正率） | | | （自用地の評価額）　円 | O | |
| 大規模工場用地等の評価額 | ○ 大規模工場用地等　（正面路線価）　円 × （地積）　㎡ × （地積が20万㎡以上の場合は0.95） | | | 円 | P | |
| | ○ ゴルフ場用地等　（宅地とした場合の価額）（地積）　（　円　㎡×0.6） － （ 1㎡当たりの造成費　円× （地積）　㎡） | | | 円 | Q | |

| | 利用区分 | 算　　式 | 総　　額 | 記号 |
|---|---|---|---|---|
| 総額計算による価額 | 貸宅地 | （自用地の評価額）（借地権割合）　円 × （1－　） | 円 | R |
| | 貸家建付地 | （自用地の評価額又はT）（借地権割合）（借家権割合）（賃貸割合）　5,987,691,236 円 × （1－ 0.70 ×0.30 × 1㎡/1㎡ ） | 4,730,276,076 円 | S |
| | 目的となっている土地（権の） | （自用地の評価額）（　割合）　円 × （1－　） | 円 | T |
| | 借地権 | （自用地の評価額）（借地権割合）　円 × | 円 | U |
| | 貸家建付借地権 | （U,ABのうちの該当記号）（借家権割合）（賃貸割合）（　）　円 × （1－　× ㎡/㎡ ） | 円 | V |
| | 転貸借地権 | （U,ABのうちの該当記号）（借地権割合）（　）　円 × （1－　） | 円 | W |
| | 転借権 | （U,V,ABのうちの該当記号）（借地権割合）（　）　円 × | 円 | X |
| | 借家人の有する権利 | （U,X,ABのうちの該当記号）（借家権割合）（賃借割合）（　）　円 × × ㎡/㎡ | 円 | Y |
| | 権 | （自用地の評価額）（　割合）　円 × | 円 | Z |
| | 権利が競合する場合の他の権利と競合する場合の土地に関する権利 | （R,Tのうちの該当記号）（　割合）（　）　円 × （1－　） | 円 | AA |
| | 他の権利と競合する場合 | （U,Zのうちの該当記号）（　割合）（　）　円 × （1－　） | 円 | AB |
| 備考 | | | | |

（注）　区分地上権と区分地上権に準ずる地役権とが競合する場合については、備考欄等で計算してください。

## 土地及び土地の上に存する権利の評価額の計算に関する内訳明細書

| | 所在地番 | |
| --- | --- | --- |

| 項　　目 | 内　　　　容 |
| --- | --- |
| 共有の場合等 | （全体の評価額）　　（敷地権割合）　　（持分の評価額）<br><br>$4,730,276,076$ 円 $\times \dfrac{8959}{1106311} =$　　$38,306,175$ 円 |

| 専有部分の家屋番号 | 309 - 39 - 1 ～ 309 - 39 - 20 309 - 39 - 101 ～ 309 - 39 - 103 |
|---|---|
| | 309 - 39 - 201 ～ 309 - 39 - 209 309 - 39 - 301 ～ |
| | 309 - 39 - 309 309 - 39 - 401 ～ 309 - 39 - 413 309 - 39 - 501 |
| | ～ 309 - 39 - 513 309 - 39 - 601 ～ 309 - 39 - 613 |
| | 309 - 39 - 701 ～ 309 - 39 - 713 309 - 39 - 801 ～ |
| | 309 - 39 - 810 309 - 39 - 901 ～ 309 - 39 - 906 309 - 39 - 908 |
| | 309 - 39 - 1001 ～ 309 - 39 - 1005 309 - 39 - 1101 |
| | 309 - 39 - 1102 |

| 表 題 部 （一棟の建物の表示） | 調整 | 余白 | 所在区番号 | 余白 |
|---|---|---|---|---|

| 所　在 | ○○○○○△△番 | | 余白 |
|---|---|---|---|
| 建物の名称 | ○○○○○○○○○ | | 余白 |

| ① 構　造 | ② 床　面　積　　　㎡ | | 原因及びその日付（登記の日付） |
|---|---|---|---|
| 鉄筋コンクリート造陸屋根 地下1階付き11階建 | 1 階 | 1721：53 | 〔平成27年12月28日〕 |
| | 2 階 | 1440：52 | |
| | 3 階 | 1295：36 | |
| | 4 階 | 1525：95 | |
| | 5 階 | 1525：95 | |
| | 6 階 | 1525：95 | |
| | 7 階 | 1525：95 | |
| | 8 階 | 1518：97 | |
| | 9 階 | 1374：92 | |
| | 10 階 | 1068：46 | |
| | 11 階 | 663：53 | |
| | 地下1階 | 2242：66 | |

| 表　題　部 （敷地権の目的である土地の表示） | | | | | |
|---|---|---|---|---|---|
| ①土地の符号 | ② 所 在 及 び 地 番 | ③地 目 | ④ 地 積 　　　㎡ | | 登 記 の 日 付 |
| 1 | ○○○○○△△番 | 宅地 | | 6151：43 | 平成27年12月28日 |

| 表　題　部 （専有部分の建物の表示） | | 不動産番号 | 0 1 1 0 4 0 0 1 2 0 5 ＊＊＊ |
|---|---|---|---|
| 家屋番号 | ○○○○○ | | 余白 |
| 建物の名称 | 709 | | 余白 |

| ① 種　類 | ② 構　造 | ③ 床　面　積　　㎡ | 原因及びその日付（登記の日付） |
|---|---|---|---|
| 居宅 | 鉄筋コンクリート造1階建て | 7階部分　　　86：13 ： | 平成27年12月16日新築 〔平成27年12月28日〕 |

| 表　題　部 （敷地権の種類） | | | |
|---|---|---|---|
| ①土地の符号 | ②敷地権の種類 | ③ 敷 地 権 の 割 合 | 原因及びその日付（登記の日付） |
| 1 | 所有権 | 1106311分の8959 | 平成27年12月25日敷地権 〔平成27年12月28日〕 |

| 所 有 者 | ○○○○○ |
|---|---|

| 権 利 部 （甲区） （所 有 権 に 関 す る 事 項） | | | |
|---|---|---|---|
| 順位番号 | 登記の目的 | 受付年月日・受付番号 | 権利者そのたの事項 |
| 1 | 所有権保存 | 平成27年4月25日 第12979号 | 原因　平成28年4月8日売買 |

＊ 下線のあるものは抹消事項であることを示す。

第**5**章 区分所有マンションの
固定資産税評価

# 5-1　区分所有マンションの固定資産税評価額

 **土地と建物を個別に評価する**

　区分所有マンションの固定資産税の計算は次の方法により行われます。

① 　最初にマンション一棟全体にかかる固定資産税評価額を計算します。土地は固定資産税評価額を計算するための路線価図を基に各種補正を行って計算されます。建物の固定資産税評価額の基本的な考え方は「その建物を今建築するといくらかかるのか」という「再建築価額」によることとされています。再建築価額は再建築表点数と乗数によって計算されます。これには様々な補正がされ、非常に複雑な評価方法となっています。土地及び建物の固定資産税の課税標準額に税率を乗じて計算した額が一棟の全体の固定資産税評価額となります。

② 　全体の固定資産税が決定すると、この固定資産税を各住戸の専有床面積に応じて按分することにより、部屋ごとの固定資産税評価額を計算します。

図表5-1　家屋評価の仕組み

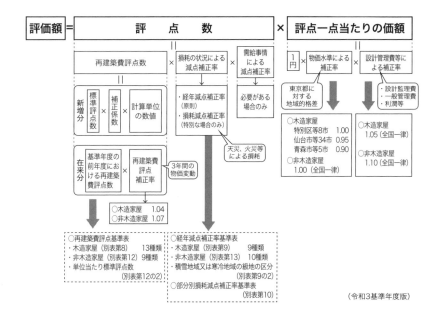

（令和3基準年度版）

## ② 平成29年度から居住用超高層建築物の固定資産税が改正に

### ⑴　居住用超高層建築物

建築基準法上の『超高層建築物』である高さ60メートル超の建築物の内、住戸が複数の階に所在しているものを『居住用超高層建築物』と定義しています。これはいわゆるタワーマンションと呼ばれるもので、おおよそ地上20階以上のマンションが該当します。

### ⑵　居住用超高層建築物の区分所有家屋の固定資産税の計算方法

居住用超高層建築物の区分所有家屋の人の居住の用に供する専有部分の固定資産税の計算方法は、次に掲げる方法により計算します。

全国における居住用超高層建築物の各階ごとの取引価格の動向を勘案した割合によって按分計算することとされ、具体的には下記の

通りです（地法352②一、地規15の3の2）。

各区分所有者の固定資産税額

$$= \frac{\text{一棟全体の}}{\text{固定資産税額}} \times \frac{\text{各住戸の専有部分の床面積} \times \boxed{\text{補正率}}\,(\text{※1})}{\text{専有部分の床面積合計}}\,(\text{※2})$$

（※1）｛100＋（10／39）×（人の居住の用に供する専有部分が所在する階－1）｝

（※2）上記(1)同様、専有部分の天井の高さ、附帯設備の程度、仕上部分の程度について著しい差違がある場合には、その差違に応じて補正する。

　なお、（※1）の補正率は、居住用超高層建築物の区分所有者の全員が当該居住用超高層建築物の各階ごとの取引価格を勘案して協議して定めた補正の方法（当該補正を行わないこととするものを含む）を市町村長に申し出た場合において当該市町村長が当該補正の方法によることが適当と認めるときは、当該補正の方法により行うことができます（地規15の3の2⑤）。

### (3)　一棟の建物に係る固定資産税の総額は変わらない

　上記の計算は低層階と高層階では実際の取引金額に大きな差があることを考慮して固定資産税・都市計画税の額にこれを反映するために設けられました。固定資産税等の額を直接調整しますので固定資産税評価額そのものには影響がありません。結果的に建物の固定資産税評価額×1で評価することとされていた改正前のマンションの相続税評価額は、高層階も低層階も基本的に㎡当りの評価額が同じでした。

　今回の財産評価基本通達の居住用区分所有財産の評価の改正はこれを是正することを目的に行われたものです。

資料編

## 資料 I

> ### 「居住用の区分所有財産の評価について」の法令解釈通達（案）に対する意見募集の結果について
>
> 令和5年10月6日
> 国　税　庁

　「居住用の区分所有財産の評価について」の法令解釈通達（案）については、令和5年7月21日から令和5年8月20日までホームページ等を通じて意見募集を行ったところ、102通の御意見をいただきました。

　御意見をお寄せいただきました方々の御協力に厚く御礼申し上げます。

　お寄せいただいた御意見の概要及び御意見に対する国税庁の考え方は別紙1のとおりです。

　また、お寄せいただいた御意見等を踏まえ、原案から一部修正を行っておりますので、別紙2（略）のとおり公表いたします。

　御意見の提出状況

| | | |
|---|---|---|
| ○ | インターネットによるもの | 98通 |
| ○ | 郵便等によるもの | 4通 |
| | 合　　　　計 | 102通 |

（注）御意見の一覧については、財務省地下1階（東京都千代田区霞が関3－1－1）の閲覧窓口にて閲覧することができます。

（別紙1）

| 区分 | 御意見の概要 | 御意見に対する国税庁の考え方 |
|---|---|---|
| 通達の趣旨について | ・ 今回の通達改正は増税ではないか。<br>・ 特定の富裕層やタワーマンションのみを対象にすべきではないか。<br>・ いわゆるタワーマンションの相続税評価額の乖離による節税策に是正を図ることは課税の公平を保つために必要。<br>・ 実際に居住している居住用の区分所有財産は対象外にすべきではないか。<br>・ 賃貸物件が節税手段となることから、この通達は賃貸用の場合に適用し、又は賃貸の場合には、別途更なる評価の補正をすべきではないか。 | ・ 本通達は、相続税法の時価主義の下、適正な時価評価の観点から行うものです。なお、相続税評価額と市場価格（売買実例価額）との乖離は、いわゆるタワーマンションに限らず、中低層も含め居住用の区分所有財産（いわゆる分譲マンション）全体について平均して2倍以上の乖離が生じており、課税の公平を図りつつ、納税者の予見可能性を確保する観点からも、一部のものに限らず、広く居住用の区分所有財産を対象としています。 |
| 通達の適用範囲について | ・ マンションの評価だけを見直すのは公平性に欠けるのではないか。<br>・ 居住用に限定したのはなぜか。<br>・ 区分所有されていない賃貸マンション（一棟所有）にも適用すべきではないか。一棟所有の場合と不公平な取扱いとならないか。<br>・ 区分所有オフィスも対象にすべきではないか。 | ・ 本通達は、分譲マンションの流通性・市場性の高さに鑑み、その価格形成要因に着目して、売買実例価額に基づく評価方法を採用したものですから、見直しの対象となる不動産はその流通性・市場性や価格形成要因の点で分譲マンションに類似するものに限定されます。したがって、居住用の区分所有財産（いわゆる分譲マンション）を対象とする一方で、流通性等の異な |

| 区分 | 御意見の概要 | 御意見に対する国税庁の考え方 |
|---|---|---|
| 通達の適用範囲について | | る事業用のテナント物件や一棟所有の場合については対象としていませんが、評価通達の定めによって評価することが著しく不適当と認められる場合には、引き続き、評価通達6により評価することとなります。 |
| | ・ マンションの敷地利用権の持分が専有面積に応じて算定されていることが前提となっていると思われるが、それ以外にも、階層等の別に算定した効用比率に応じて持分を決定しているものもあるので、専有面積に応じて持分が算定されたマンションに限定すべきではないか。 | ・ 本通達における敷地持分狭小度は、専有面積に比して敷地利用権の面積が狭小であるにつれ、評価乖離率が大きくなるとの統計的傾向を踏まえたものです。このような傾向は、専有面積に比して敷地利用権の面積が狭いと、路線価等による立地条件が評価に十分反映されていないことが要因になっていると考えられます。そして、ここでは、敷地利用権の面積の専有面積に対する比率が問題となっており、敷地利用権の面積がどのような算定方法（専有面積に応じたものかその他の比率に応じたものか）に基づいているかは問題とならないことから、算定方法のいかんを問わず本通達を適用すべきと考えています。 |
| | ・ ビンテージマンションには効果がないのではないか。 | ・ ビンテージマンションを定義することは困難ですが、 |

| 区分 | 御意見の概要 | 御意見に対する国税庁の考え方 |
|---|---|---|
| 通達の適用範囲について | | 広い敷地に比較的ゆったり建てられている低層マンションについては敷地利用権の面積が大きくなることに伴い本通達適用前の相続税評価額が大きくなり、路線価等による立地条件の反映がなされるなど、一概に、評価上問題があるものとは考えていません。 |
| | ・ 少額の場合も適用されるのか。 | ・ 少額であっても適用されます。 |
| 通達の評価方法について | ・ 路線価又は固定資産税評価額を見直すべきではないか。<br>・ 建物の評価倍率が1.0に固定されていることが問題ではないか。<br>・ 現行の評価方法（路線価及び固定資産税評価額）によらずに、敷地利用権と専有部分を一つの権利として評価する方法を考えるべきではないか。<br>・ 取引価額を基に評価すべきではないか。<br>・ 課税庁が、評価方法ではなく価格を提示すべきではないか。<br>・ 「自用地としての価額」や「自用家屋としての価額」という評価通達で採用されている基本的な考え方を使用しているなど、シンプルで分 | ・ 本通達は、多数把握された取引事例による現行の相続税評価額と売買実例価額との乖離に基づき、統計的に予測した市場価格により、居住用の区分所有財産の時価を求めようとするものであるため、現行の相続税評価額を維持しつつ、当該相続税評価額に補正率を乗じて評価する方法を採用しています。 |

| 区分 | 御意見の概要 | 御意見に対する国税庁の考え方 |
|---|---|---|
| 通達の評価方法について | かりやすい。 | |
| | ・ 具体的な数値は財産評価基準で定めるべきではないか。 | ・ 財産評価基準は、法令で別段の定めのあるもの及び別に通達するものについては、それによることとしているため、具体的な数値につきまして本通達で定めています。 |
| | ・ 固定資産税における「階層別専有床面積補正率」との関係で問題はないのか。 | ・ 固定資産税における「階層別専有床面積補正率」は、居住用超高層建築物に係る固定資産税額を各区分所有者にあん分する際に用いられるものであり、評価額には影響しないものであるため、本通達との関係では問題がないものと考えています。 |
| 定義について | ・ 「自用地としての価額」の定義を評価通達25から持ってくると、大規模工場用地の評価などが含まれ、読みづらい。 | ・ 一室の区分所有権等に係る敷地利用権については、本通達により「自用地としての価額」とみなした価額を算出し、評価通達を適用することとしているため、評価通達25(1)に定める「自用地としての価額」を引用することとしています。 |
| | ・ 「一室の区分所有権等に係る専有部分の面積」とは、登記簿上の床面積か、固定資産税課税明細書上の床面積か。 | ・ 不動産登記規則第115条に規定する建物の床面積をいうため、登記簿上の床面積となります。 |

| 区分 | 御意見の概要 | 御意見に対する国税庁の考え方 |
|---|---|---|
| 定義について | ・「区分所有権等」という用語を「区分所有建物」として統一すべきではないか。 | ・「区分所有権」及び「敷地利用権」を「区分所有権等」とする一方、区分所有者が存する家屋一棟を「区分所有建物」として使い分けています。 |
| | ・「評価水準」は「評価乖離率」の逆数であり、どちらか一方に統一すべきではないか。 | ・補正率を求めるに当たっては「評価乖離率」が必要となる一方で、補正の方法を区分する基準としては「評価水準」が理解しやすいと考えられるため、両者を使い分けています。 |
| | ・敷地利用権は、建物の敷地に関する権利のことであり、「敷地利用権の面積」という表現はおかしいのではないか。 | ・簡易かつ分かりやすい表現として使用しており、本通達1⑼において定義しています。 |
| | ・「地階」の定義が必要ではないか。<br>・「専有部分一室」という表現は、専有部分内部に存する各部屋と混同され、分かりにくい。<br>・「居住の用に供する専有部分」の考え方を明確にすべきではないか。<br>・「一室の区分所有権等が存する一棟の区分所有建物の敷地の面積」の考え方を明確にすべきではないか。<br>・1階に地下室がついているタイプについて、所在階に | ・御意見の点につきましては、今後、国税庁ホームページに資産評価企画官情報等による解説を掲載する予定です。【64～69頁参照】 |

| 区分 | 御意見の概要 | 御意見に対する国税庁の考え方 |
|---|---|---|
| | 低い方を採用するのは問題がないのか。 | |
| 評価乖離率の算式について | ・ なぜ、このような計算式になったのか説明すべきではないか。時価として妥当なのか。<br>・ 敷地持分狭小度のウエイトが低すぎるのではないか。<br>・ 固定値（切片）が大きすぎるのではないか。<br>・ 算式中の数値が細かいのではないか。<br>・ 所在階に係る係数については、日照権、眺望権などを考慮すべきではないか。タワーマンションとタワーマンション以外で変えるべきではないか。<br>・ 相続税評価額が市場価格と乖離する要因については、マンションの利便性など他の要因もあるのではないか。<br>・ 販売現場や事業者等の意見を個別にヒアリングしてみてはどうか。 | ・ 本通達の制定に当たっては、令和５年度与党税制改正大綱（令和４年12月16日決定）において、マンションの評価方法の適正化を検討する旨の記載がされたことを受け、「マンションに係る財産評価基本通達に関する有識者会議」を計３回開催し、不動産関係業者を含めた有識者の方から意見を聴取しながら、その客観性及び妥当性についての検討を行っており、その有識者会議の内容につきましては、国税庁ホームページ（ホーム＞国税庁等について＞審議会・研究会等＞マンションに係る財産評価基本通達に関する有識者会議）に掲載しています。【128〜159頁参照】<br>そして、次の理由から、①築年数、②総階数指数、③所在階及び④敷地持分狭小度の４つの指数に基づく算式で求めた評価乖離率（補正率）を基に、本通達適用前の相続税評価額を補正する方法を採用しています。<br>① 分譲マンションは流通性・市場性が高く、類 |

| 区分 | 御意見の概要 | 御意見に対する国税庁の考え方 |
|---|---|---|
| 評価乖離率の算式について | | 似する物件の売買実例価額を多数把握することが可能であり、かつ、価格形成要因が比較的明確であることからすれば、それら要因を指数化して売買実例価額に基づき統計的に予測した市場価格を考慮して評価額を補正する方法が妥当であり、相続税評価額と市場価格との乖離を補正する方法として直截的であり、執行可能性も高いこと<br>② 相続税評価額と市場価格（売買実例価額）の乖離の要因としては、上記4つの指数のほかにもあり得るかもしれないが、申告納税制度の下で納税者の負担を考慮すると、これら4つの指数は、納税者自身で容易に把握可能なものであることに加え、特に影響度の大きい要因であること |
| | ・ 総階数指数について、33階を基準としたのはなぜか。 | ・ 高さ100m（1階を3mとした場合、約33階）を超える建築物には、緊急離着陸場等の設置指導等がなされることがありますが、それを |

| 区分 | 御意見の概要 | 御意見に対する国税庁の考え方 |
|---|---|---|
| 評価乖離率の算式について | | 超えて高くなることによる追加的な規制は一般的にはないほか、一定の階数で頭打ちになると仮定して分析したところ、良好な結果が得られたことから、33階を基準としました。 |
| | ・ 都市と地方や容積率が異なる地区では異なる算式（値）を使用すべきで、全国一律にするべきではないのではないか。 | ・ 本通達では次の理由から全国一律の算式としています。<br>① 都市部においても地方部においても、4つの指数が乖離率に与える傾向に違いはなく全国共通と考えられること<br>② 仮に都市部と地方部で差を設けたとしても、必ずしも統計的に合理的とはならないこと<br>③ 都市部と地方部の境目や、区分の数（どこまで細分化するか）など際限がなく、合理的な線引きも困難である上、いたずらに複雑になること |
| | ・ 取引価額のデータが現在の市場実勢を反映したものとは言い難く、物価や不動産市況の速報値を基にスライドさせる等の措置が必要ではないか。 | ・ 足元のマンション市場は、建築資材価格の高騰等による影響を排除しきれない現状にあり、そうした現状において、コロナ禍等より前の時期として平成30年分の売買実例価額に基づき評価方法を定めることとしました。 |

| 区分 | 御意見の概要 | 御意見に対する国税庁の考え方 |
|---|---|---|
| 評価乖離率の算式について | ・ 評価乖離率を求める算式の各要因について多重共線性等の統計上の問題はないのか。p値はいくつなのか。 | ・ 第2回有識者会議において、統計的手法（重回帰分析）による検証を提示し、有識者の方から意見を聴取しながら、その客観性及び妥当性についての検討を行っております。なお、重回帰分析の結果における4つの指数に係るp値等は、次のとおりです。 |

|  | 係数 | t-値 | P-値 | 最小値 | 最大値 | 平均値 | 標準偏差 |
|---|---|---|---|---|---|---|---|
| 切片 | 3.220 | 65.60 | 0.001未満 |  |  |  |  |
| 築年数 | △0.033 | △34.11 | 0.001未満 | 1 | 57 | 19 | 11.36 |
| 総階数指数 | 0.239 | 3.50 | 0.001未満 | 0.061 | 1 | <u>0.406</u> | 0.256 |
| 所在階 | 0.018 | 8.53 | 0.001未満 | 1 | 51 | 8 | 7.37 |
| 敷地持分狭小度 | △1.195 | <u>△18.55</u> | 0.001未満 | 0.01 | 0.99 | 0.4 | 0.192 |

（注）下線部は、第2回有識者会議資料から一部訂正があった箇所になります。

| 区分 | 御意見の概要 | 御意見に対する国税庁の考え方 |
|---|---|---|
|  | ・ 評価乖離率を求める算式について、取引事例が中古マンションに限定されているため、新築マンションの適正な乖離率を求めることができないのではないか。 | ・ 相続税又は贈与税の場面において、通常、購入後のマンションを相続、遺贈又は贈与により取得すると考えられますので、取引事例が中古マンションであることは、問題がないものと考えています。 |
| 補正率について | ・ 他の補正率と区別するため、補正率の名称を付すべきではないか。 | ・ 御意見を踏まえ、本通達において補正率に名称（区分所有補正率）を付すこととしました。 |
|  | ・ 評価水準が1を超える場合に20%のアローアンスを設けるべきではないか。補正 | ・ 仮にアローアンスを設けるとした場合、評価水準1の前後において、改正後の評 |

| 区分 | 御意見の概要 | 御意見に対する国税庁の考え方 |
|---|---|---|
| | 率の下限を設けるべきではないか。 | 価額に逆転現象が生じてしまうため適当ではないと考えています。また、統計的に予測した市場価格を求めるものであり、基本的には、補正率の下限は設けていません。 |
| | ・ 評価乖離率が零又は負数になった場合はどうするのか。 | ・ 御意見を踏まえ、本通達において評価乖離率が零又は負数となった場合の取扱いを定めることとし、一室の区分所有権等に係る敷地利用権及び区分所有権については、評価しないこととしました。 |
| 補正率について | ・ 評価乖離率に0.6を乗ずるのはなぜか（一戸建てとのバランスを取る必要はあるのか。）。 | ・ 次の理由から、補正率の算定に当たっては、一戸建ての相続税評価額が市場価格（売買実例価額）の6割程度の水準となっていることを踏まえ、評価乖離率に0.6を乗ずることとしています。<br>① 相続税又は贈与税については、相続若しくは遺贈により取得又はその年中に贈与により取得した全ての財産の価額の合計額をもって課税価格を計算することとされているところ、相続税評価額と市場価格（売買実例価額）との乖離に関して、同じ |

| 区分 | 御意見の概要 | 御意見に対する国税庁の考え方 |
|---|---|---|
| | | 不動産である分譲マンションと一戸建てとの選択におけるバイアスを排除し、その均衡を図る必要があること<br>②　路線価等に基づく評価においても、評価上の安全性を配慮し、地価公示価格と同水準の価格の80％程度を目途に、路線価等を定めていること |
| 敷地利用権と区分所有権に対する補正について | ・　土地部分は、路線価で評価されるため、土地部分の補正は不要ではないか。建物のみ補正すべきではないか。<br>・　評価乖離率の4要素のうち、築年数、総階数、所在階は「土地上に存在する空間の利用価値」を高めており、相続税評価額の上昇分は土地に帰属させることが妥当ではないか。<br>・　建物部分は、固定資産税評価額と相続税評価額の均衡から、固定資産税評価額によるべきではないか。<br>・　建物の専有部分と共用部分に分けて補正をすべきではないか。<br>・　土地と建物に同一の補正率を乗ずるのはおかしいのではないか。 | ・　分譲マンションは、建物の区分所有等に関する法律において、「区分所有者は、その有する専有部分とその専有部分に係る敷地利用権とを分離して処分することができない」（区分所有法22①）と規定され、土地と家屋の価格は一体として値決めされて取引されており、それぞれの売買実例価額を正確に把握することは困難であるほか、評価乖離率（又は補正率）は一体として値決めされた売買実例価額との乖離に基づくものであり、これを土地と家屋に合理的に分けることは困難であることから、一室の区分所有権等に係る敷地利用権及び区分所有権のそれぞれにつ |

| 区分 | 御意見の概要 | 御意見に対する国税庁の考え方 |
|---|---|---|
| | | いて同一の補正率を乗ずることとしています。 |
| | ・ 居住用の区分所有財産の法的性格を踏まえれば、敷地利用権と建物の専有部分とを分けて評価する意義は乏しいのではないか。 | ・ 本通達は、多数把握された取引事例による現行の相続税評価額と売買実例価額との乖離に基づき、統計的に予測した市場価格により、居住用の区分所有財産の時価を求めようとするものであるため、現行の相続税評価額を維持しつつ、当該相続税評価額に補正率を乗じて評価する方法を採用しています。 |
| 敷地利用権に対する補正について | ・ 通達2の（注）1で、建物は減額するのに土地は減額しないのはなぜか。 | ・ 一棟の区分所有建物の全戸（専有部分一室の全て）を所有している場合でも、本通達が、分譲マンションの流通性・市場性や価格形成要因に着目したものであることから、区分所有財産である以上、原則として本通達を適用することが相当と考えています。他方、この場合には、区分所有財産ではあるものの、一の宅地を所有している場合と同等の経済的価値を有すると考えられる面もあることから、その敷地（敷地利用権）の評価に当たっては、補正率の下限を1としております。 |

25

| 区分 | 御意見の概要 | 御意見に対する国税庁の考え方 |
|---|---|---|
| 敷地利用権に対する補正について | ・ 通達2の（注）1の「単独で所有」については、一定の親族関係にある者を含めて、そのグループで単独所有の判定をすることとしてはどうか。 | ・ 親族関係にある者であっても、複数の者で所有していることから、一の宅地を所有している場合と同等の経済的価値を有するとまでは考えられません。 |
| | ・ 土地が定期借地権の場合には、別途検討が必要ではないか。 | ・ 居住用の区分所有財産の敷地が定期借地権の場合であっても、一室の区分所有権等に係る敷地利用権の自用地としての価額に補正率を乗じて計算した価額を当該自用地としての価額とみなした上で、そのみなされた自用地としての価額に基づいて定期借地権である敷地利用権の価額を計算することから、敷地が定期借地権であることによる斟酌はなされているものと考えています。 |
| 施行時期について | ・ 令和6年1月からの適用は早すぎるのではないか。<br>・ 本通達が施行された後に購入されたものから適用すべきではないか。<br>・ 段階的に引き上げるべきではないか。<br>・ 可及的速やかに実施願いたい。<br>・ 遡及適用すべきではないか。 | ・ 本通達は、相続税法の時価主義の下、適正な時価評価の観点から行うものであり、課税の公平や予見可能性を早期に確保する必要があるとともに、施行時期が遅くなれば、不公平感が増すことにもなりかねないことから、令和6年1月1日以後の相続、遺贈又は贈与により取得した財産について適用することとしています。 |

| 区分 | 御意見の概要 | 御意見に対する国税庁の考え方 |
|---|---|---|
| 今後の通達改正について | ・ 今後のマンション市場の動向に対する見直しの実施時期はどうするのか、毎年見直すべきではないか。<br>・ 通達案の数値の根拠は、平成30年の中古マンションの取引から作成されたものであるが、次の令和9年の改訂では、令和6年の取引が使用されるべき。<br>・ 通達2の（注）2の「評価乖離率を求める算式及び上記⑵の値（0.6）については、適時見直しを行うものとする。」については、国税庁が自ら見直しをするのに、通達に書くのは違和感がある。 | ・ 本通達の今後の見直しについては、3年に1度行われる固定資産税評価の見直しに併せて行うことが合理的であり、改めて実際の取引事例についての相続税評価額と売買実例価額との乖離状況等を踏まえ、その要否を含めて行うことを考えています。 |
| その他 | ・ 貸家建付地（貸家）の評価は、補正後の自用地（自用家屋）の価額を基に行うのか。<br>・ 小規模宅地等の特例の面積は従来通り、敷地利用権の割合で算出された面積とし、評価額は補正後の自用地としての価額を用いるのか。 | ・ 居住用の区分所有財産が貸家建付地及び貸家である場合の当該貸家建付地及び貸家の評価は、本通達において算定した「自用地としての価額」及び「自用家屋としての価額」を基に行うこととなります。また、小規模宅地等の特例の適用の考え方も従来と変わらず、評価額は補正後の「自用地としての価額」を基とすることとなります。 |
| | ・ 非常に分かりにくい。簡便に計算できる手段を提供すべきではないか。 | ・ 納税者が簡易に計算するための簡単なツールを用意する予定です。今後、国税庁 |

| 区分 | 御意見の概要 | 御意見に対する国税庁の考え方 |
|---|---|---|
| その他 | ・ 大して複雑ではない算式のために、税金を使って計算のためのシステムを作るべきではない。 | ホームページに資産評価企画官情報等による解説を掲載する予定です。 |
| | ・ 不動産鑑定評価書等に照らし評価額が通常の取引価額を上回ると認められる場合やマンション市場価格の大幅な下落その他見直し後の評価方法に反映されない事情が存することにより、当該評価方法に従って評価することが適当でないと認められる場合における不動産鑑定評価の取扱いはどうなるのか。また、その具体的な基準について明らかにしていただきたい。 | ・ 御意見の点につきましては、今後、国税庁ホームページに資産評価企画官情報等による解説を掲載する予定です。【75頁参照】 |

（参考）今回の意見公募手続に付した「『居住用の区分所有財産の評価について』の法令解釈通達（案）」の制定内容に関する御意見のみ掲載しております。なお、「御意見の概要」欄は、重複した御意見を取りまとめた上で、要約したものを掲載しております。

## 資料Ⅱ

### マンションに係る財産評価基本通達に関する有識者会議について（第1回）

令和5年1月31日
国　税　庁

### 1　概要

　相続税等（相続税・贈与税）における財産の価額は、相続税法第22条の規定により、「財産の取得の時における時価による」こととされており、これを受け、国税庁では財産評価基本通達に各種財産の具体的な評価方法を定めています。

　財産評価基本通達に定める評価方法については、相続税法の時価主義の下、より適正なものとなるよう見直しを行っているところですが、こうした中で、マンションの「相続税評価額」については、「時価（市場売買価格）」との大きな乖離が生じているケースも確認されています。

　また、令和5年度与党税制改正大綱（令和4年12月16日決定）に、「相続税におけるマンションの評価方法については、相続税法の時価主義の下、市場価格との乖離の実態を踏まえ、適正化を検討する。」旨が記載されました。

　そこで、マンションの相続税評価について、市場価格との乖離の実態を踏まえた上で適正化を検討するため、第1回有識者会議を開催しました。

### 2　開催日

　　令和5年1月30日（月）

## 委 員 名 簿

| 氏 名 | 現 職 |
|---|---|
| 澁谷　雅弘<br>（しぶや　まさひろ） | 中央大学法学部教授 |
| 杉浦　綾子<br>（すぎうら　あやこ） | 不動産鑑定士 |
| 戸張　有<br>（とばり　たもつ） | 一般財団法人日本不動産研究所 公共部長 |
| 平井　貴昭<br>（ひらい　たかあき） | 日本税理士会連合会 常務理事・調査研究部長 |
| 星野　浩明<br>（ほしの　ひろあき） | 一般社団法人不動産協会 税制委員会 委員長 |
| 前川　俊一<br>（まえかわ　しゅんいち） | 明海大学名誉教授 |
| 吉田　靖<br>（よしだ　やすし） | 東京経済大学経営学部教授 |

（敬称略・五十音順）

〔オブザーバー〕

総務省　自治税務局財務省　主税局

国土交通省　住宅局、不動産・建設経済局

**資　料**

## マンションの相続税評価について

○　相続税法では、相続等により取得した財産の価額は「当該財産の取得の時における時価（客観的な交換価値）」によるものとされており（時価主義）、その評価方法は国税庁の通達によって定められている。

○　マンションについては、「相続税評価額」と「市場売買価格（時価）」とが大きく乖離しているケースも把握されている。このような乖離があると、相続税の申告後に、国税当局から、路線価等に基づく相続税評価額ではなく鑑定価格等による時価で評価し直して課税処分をされるというケースも発生している。

○　こうしたケースで争われた、令和4年4月の最高裁判決（国側勝訴）以降、マンションの評価額の乖離に対する批判の高まりや、取引の手控えによる市場への影響を懸念する向きも見られ、課税の公平を図りつつ、納税者の予見可能性を確保する観点からも、早期にマンションの評価に関する通達を見直す必要がある。

○　また、令和5年度与党税制改正大綱においても「相続税におけるマンションの評価方法については、相続税法の時価主義の下、市場価格との乖離の実態を踏まえ、適正化を検討する。」と記載された。

○　このため、乖離の実態把握とその要因分析を的確に行った上で、不動産業界関係者などを含む有識者の意見も丁寧に聴取しながら、通達改正を検討していくこととした。

## 令和5年度与党税制改正大綱（令和4年12月16日決定）（抜粋）

### 第一　令和5年度税制改正の基本的考え方等

……（略）……。以下、令和5年度税制改正の主要項目及び今後の税制改正に当たっての基本的考え方を述べる。

5. 円滑・適正な納税のための環境整備

(5) マンションの相続税評価について

マンションについては、市場での売買価格と通達に基づく相続税評価額とが大きく乖離しているケースが見られる。現状を放置すれば、マンションの相続税評価額が個別に判断されることもあり、納税者の予見可能性を確保する必要もある。このため、相続税におけるマンションの評価方法については、相続税法の時価主義の下、市場価格との乖離の実態を踏まえ、適正化を検討する。

## 相続税法第22条・財産評価基本通達1項

○　**相続税法（抄）**

（評価の原則）

第22条　この章で特別の定めのあるものを除くほか、相続、遺贈又は贈与により取得した財産の価額は、<u>当該財産の取得の時における時価</u>により、当該財産の価額から控除すべき債務の金額は、その時の現況による。

○　**財産評価基本通達（抄）**

（評価の原則）

1　財産の評価については、次による。

　(1)　（略）

　(2)　時価の意義

　　　　財産の価額は、時価によるものとし、<u>時価とは、課税時期</u>（相続、遺贈若しくは贈与により財産を取得した日若しくは相続税法の規定により相続、遺贈若しくは贈与により取得したものとみなされた財産のその取得の日又は地価税法第2条（（定義））第4号に規定する課税時期をいう。以下同じ。）<u>において、それ ぞれの財産の現況に応じ、不特定多数の当事者間で自由な取引が行われる場合に通常成立すると認められる価額</u>をいい、その価額は、この通達の定めによって評価した価額による。

　(3)　（略）

## 現行のマンションの相続税評価の方法

マンション（一室）の相続税評価額（自用の場合）
　＝区分所有建物の価額（①）＋敷地（敷地権）の価額（②）

① 区分所有建物の価額
　＝建物の固定資産税評価額<sup>(注1)</sup> × 1.0

② 敷地（敷地権）の価額
　＝敷地全体の価額<sup>(注2)</sup> × 共有持分（敷地権割合）

(注1) 「建物の固定資産税評価額」は、1棟の建物全体の評価額を
　　　専有面積の割合によって按分して各戸の評価額を算定
(注2) 「敷地全体の価額」は、路線価方式又は倍率方式により評価

## 不動産価格指数の推移

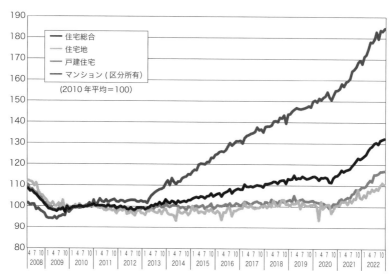

凡例:
- 住宅総合
- 住宅地
- 戸建住宅
- マンション（区分所有）

(2010年平均＝100)

出典：国土交通省　不動産価格指数（住宅）

## 市場価格と相続税評価額の乖離の事例

|  | 所在地 | 総階数 | 所在階数 | 築年数 | 専有面積 | 市場価格 | 相続税評価額 | 乖離率 |
|---|---|---|---|---|---|---|---|---|
| ① | 東京都 | 43階 | 23階 | 9年 | 67.17㎡ | 11,900万円 | 3,720万円 | **3.20倍** |
| ② | 福岡県 | 9階 | 9階 | 22年 | 78.20㎡ | 3,500万円 | 1,483万円 | **2.36倍** |
| ③ | 広島県 | 10階 | 8階 | 6年 | 71.59㎡ | 2,240万円 | 954万円 | **2.34倍** |

## 最高裁判決における財産評価基本通達6項の適用事例

**財産評価基本通達6項**
（この通達の定めにより難い場合の評価）
6　この通達の定めによって評価することが著しく不適当と認められる財産の価額は、国税庁長官の指示を受けて評価する

**事案の概要**

H21年　マンション2棟購入
※　7階建及び8階建

マンション2棟購入
約13.9億円

銀行借入
約10億円

H24年　相続 ⇒ 申告

その他資産
約7億円

マンション2棟
評価額
約3.3億円（①）

銀行借入
約10億円

課税価格　　0円
相続税額　　0円

H25年　マンション1棟売却
※　7階建

マンション1棟
約5億円

H28年　更正処分（6項適用）

その他資産
約7億円

マンション2棟
鑑定評価額
約12.7億円（②）

銀行借入
約10億円

課税価格　約8.9億円
相続税額　約2.4億円

乖離率 約3.8倍（②／①）
乖離額 約9.4億（②−①）

R1年8月　東京地裁判決　国側勝訴
R2年6月　東京高裁判決　国側勝訴
R4年4月　最高裁　判決　国側勝訴

**最高裁判決（令和4年4月19日）の要旨**
① 課税庁が、**特定の者の相続財産の価額についてのみ評価通達の定める方法により評価した価額を上回る価額によるものとすることは、**たとえ当該価額が客観的な交換価値としての時価を上回らないとしても、**合理的な理由がない限り**、平等原則に違反するものとして違法
② 相続税の課税価格に算入される財産の価額について、評価通達の定める方法による画一的な評価を行うことが**実質的な租税負担の公平に反するというべき事情がある場合には、**当該財産の価額を上記通達の定める方法により評価した価額を上回る価額によるものとすることは相税法上の一般原則としての**平等原則に違反しない。**
③ 本件の(1)、(2)などの事情の下においては、本件各不動産の価額を評価通達を上回る価額にすることは、平等原則に違反しない。
　(1) 本件各不動産（マンション2棟）の購入・借入れが行われなければ本件相続に係る**課税価格の合計額は6億円を超える**ものであったにもかかわらず、**これが行われたことにより、**基礎控除の結果、**相続税の総額が0円になる。**
　(2) 被相続人及び相続人は、本件各不動産の購入・借入れが近い将来発生することが予想される被相続人からの相続において**相続人の相続税の負担を減じ又は免れさせるものであることを知り、かつ、これを期待して、あえて本件購入・借入れを企画して実行した。**

## 近年の評価通達6項の適用件数一覧

| 年分<br>（事務年度） | H24 | H25 | H26 | H27 | H28 | H29 | H30 | R1 | R2 | R3 | 計 |
|---|---|---|---|---|---|---|---|---|---|---|---|
| 件数 | 0 | 1 | 0 | 2 | 0 | 4 | 0 | 1 | 1 | 0 | 9 |

➢　時価とは客観的な交換価値をいうと解されているが、評価通達に沿って評価するのが原則であり、それが「著しく不適当」な場合に限り、評価通達以外の方法で評価することになる。

➢　実際、評価通達6項の適用件数は年間数件程度と非常に限られており、最高裁判決でも、評価通達によらない評価とすることは合理的な理由がない限り平等原則に反するとされた。

➢　このため、マンションの市場価格と相続税評価額の乖離は、予見可能性の観点からも評価方法の見直しにより是正することが適当。

## 議論の射程・基本的考え方と今後の検討事項について

○　国税庁で定めている財産評価基本通達のうち、マンションの評価方法について、相続税法の時価主義の下、市場価格との乖離の実態を踏まえ、国税庁においてその適正化を検討することとしており、本会合は国税庁 がその検討に際し必要な事項について有識者から意見聴取することを目的とする。

○　その際、国税庁としては、相続税法の時価主義の下、あくまで適正な時価評価の観点から見直しを行うこととしており、今回の見直しは、評価額と時価の乖離を適切に是正することを目的とするものであって、一部の租税回避行為の防止のみを目的として行うものではない。

○　本会合において検討すべき事項としては、相続税評価額と市場価格との乖離の実態把握及び要因分析の方法の検討、そして、これらの検討を踏まえた乖離の是正方法及び乖離の是正に当たって留意すべき事項等が考えられる。

## 第1回　マンションに係る財産評価基本通達に関する有識者会議
## 議事要旨

日時：令和5年1月30日（月）15：00 ～ 16：00
場所：国税庁　第一会議室

　冒頭、座長及び座長代理について協議を行い、座長に前川委員が、座長代理に吉田委員が就任した。
　事務局から、配付資料に基づき説明を行い、その後、要旨以下のとおりご意見をいただいた。

○　価格乖離の問題は、タワーマンションだけではなくマンション全体にいえるのではないか。そうすると、時価主義の観点からは、見直しの範囲を一部のタワーマンションに限定すべきではない。

○　評価方法を見直した結果、評価額が時価を超えることとならないようにする配慮が必要。

○　時価と相続税評価額との価格乖離の要因分析を行うに当たり、統計的手法による分析が有用ではないか。

○　市場への影響にも配慮すべき（販売時において、マンションと一戸建ての選択におけるバイアスがかからないように、一戸建てとのバランスにも配慮し、急激な評価増にならないようにすべき。）。

○　足元、マンション市場は新型コロナウィルス感染症の影響により建築資材の価格が高騰していることから、いわゆるコロナ前の時期における実態も把握する必要がある。

（以上）

## 資料Ⅲ

---

### マンションに係る財産評価基本通達に関する有識者会議について（第2回）

令和5年6月2日
国　税　庁

1　概要

　相続税等（相続税・贈与税）における財産の価額は、相続税法第22条の規定により、「財産の取得の時における時価による」こととされており、これを受け、国税庁では財産評価基本通達に各種財産の具体的な評価方法を定めています。

　財産評価基本通達に定める評価方法については、相続税法の時価主義の下、より適正なものとなるよう見直しを行っているところですが、こうした中で、マンションの「相続税評価額」については、「時価（市場売買価格）」との大きな乖離が生じているケースも確認されています。

　また、令和5年度与党税制改正大綱（令和4年12月16日決定）に、「相続税におけるマンションの評価方法については、相続税法の時価主義の下、市場価格との乖離の実態を踏まえ、適正化を検討する。」旨が記載されました。

　そこで、マンションの相続税評価について、市場価格との乖離の実態を踏まえた上で適正化を検討するため、本年1月に有識者会議を設置し、この度、第2回有識者会議を開催しました。

2　開催日

　　令和5年6月1日（木）

## 委　員　名　簿

令和5年5月12日　現在

| 氏　名 | 現　職 |
|---|---|
| 宇杉　真一郎 | 一般社団法人不動産協会　税制委員会　委員長 |
| 澁谷　雅弘 | 中央大学法学部教授 |
| 杉浦　綾子 | 不動産鑑定士 |
| 戸張　有 | 一般財団法人日本不動産研究所 公共部長 |
| 平井　貴昭 | 日本税理士会連合会 常務理事・調査研究部長 |
| 前川　俊一 | 明海大学名誉教授 |
| 吉田　靖 | 東京経済大学経営学部教授 |

（敬称略・五十音順）

〔オブザーバー〕

総務省　自治税務局財務省　主税局

国土交通省　住宅局、不動産・建設経済局

## 資料

### 相続税評価額と市場価格の乖離の実態

マンションの相続税評価額と市場価格の乖離率の推移（全国：平均値）

乖離率＝市場価格÷評価額

マンションの乖離率の分布（H30）

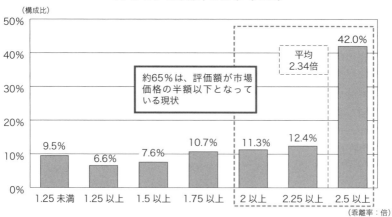

約65％は、評価額が市場価格の半額以下となっている現状

平均2.34倍

## 一戸建ての乖離率の分布（H30)

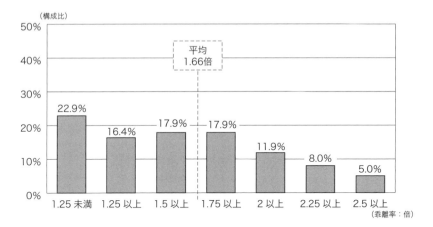

（注）計数はいずれも国税庁において実施したサンプル調査（平成25年～30年中に
行われた取引について、不動産移転登記情報と所得税の確定申告データを突合）
による。

## マンションの相続税評価の方法と乖離の要因

○現行のマンションの評価方法

　相続等で取得した財産の時価（マンション（一室）の評価額）は、不動産鑑定価格や売却価格が通常不明であることから、次の①と②の合計額としている（通達）。

| ① 建物（区分所有建物）の価額<br>= 建物の固定資産税評価額×1.0 | ＋ | ② 敷地（敷地利用権）の価額<br>= 敷地全体の面積×共有持分×平米単価<br>（路線価等） |
| --- | --- | --- |

○　評価額が市場価格と乖離する主な要因として想定されること

➢　建物の評価額は、1棟全体の再建築価格に基づく評価額を専有面積の割合で按分して算定されている。他方、市場価格はそれに加えて建物の総階数、マンション一室の所在階も考慮されているほか、評価額への築年数の反映が不十分だと、評価額が市場価格に比べて低くなるケースがあるのではないか（建物の効用の反映は十分か）。

➢　マンション一室を所有するための敷地利用権は、共有持分で按分した面積に平米単価を乗じて評価されるが、この面積は一般的に高層マンションほどより細分化され狭小となるため、このように敷地持分が狭小なケースは立地条件の良好な場所でも、評価額が市場価格に比べて低くなるのではないか（立地条件の反映は十分か）。

## 乖離を是正するための評価方法の検討

### 1．標準戸から比準して評価する方法

・不動産鑑定に基づいて評定した標準戸（標準的なマンション）から比準して評価額を算出する方法。

⇒ 不動産鑑定を実施することで規範性は有するものの、相当数の標準戸の選定が必要となる上、マンション価格には土地の地価公示・地価調査制度のような価格指標がなく全ての標準戸に鑑定が必要となるなどコストが大きい。また、同一地域内にも価格帯が多様なマンションの混在が想定される中、標準戸から個々のマンションに比準する基準の設定も難しい。

### 2．統計的手法を用いて評価する方法

取引事例に基づき統計的手法（回帰分析）を用いて評価する方法として次の2つが考えられる。

(1) 現行の相続税評価額を前提とせず、価格形成要因（説明変数）から直接的にマンションの市場価格を予測して評価する方法。

⇒ 多数の取引事例から得られた傾向に基づく統計的手法を用いることで客観性・合理性を有するが、相続税評価額において既に考慮されている要素（例えば再建築費）も含め価格形成要因を広く考慮する必要があり納税者の負担となるほか、他の資産（例えば一戸建て）の評価方法と著しく異なる評価方法となりバランスを欠く。

(2) 現行の相続税評価額を前提とした上で、市場価格との乖離要因（説明変数）から乖離率を予測し、その乖離率を現行の相続税評価額に乗じて評価する方法。

⇒ 乖離要因を説明変数とすることから、相続税評価額と市場価格の乖離を補正する方法として直截的であり、乖離要因に基づき補正すれば足りるため執行可能性も高い。

## 統計的手法（重回帰分析）による検証

　相続税評価額が市場価格と乖離する要因として考えられる築年数、総階数（総階数指数）、所在階、敷地持分狭小度の4つの指数を説明変数とし、乖離率を目的変数として重回帰分析を行ったところ、次のとおり有意な結果が得られた。

| 回帰統計 | |
| --- | --- |
| 決定係数 | 0.5870 |
| 自由度調整済決定係数 | 0.5864 |
| 観測数 | 2478 |

| | 係数 | t-値 | 最小値 | 最大値 | 平均値 | 標準偏差 |
| --- | --- | --- | --- | --- | --- | --- |
| 切片 | 3.220 | 65.60 | | | | |
| 築年数 | △0.033 | △34.11 | 1 | 57 | 19 | 11.36 |
| 総階数指数 | 0.239 | 3.50 | 0.061 | 1 | 0.403 | 0.256 |
| 所在階 | 0.018 | 8.53 | 1 | 51 | 8 | 7.37 |
| 敷地持分狭小度 | △1.195 | △18.54 | 0.01 | 0.99 | 0.4 | 0.192 |

| 相関係数 | | | | | |
| --- | --- | --- | --- | --- | --- |
| | 乖離率 | 築年数 | 総階数指数 | 所在階 | 敷地持分狭小度 |
| 乖離率 | 1 | | | | |
| 築年数 | △0.635 | 1 | | | |
| 総階数指数 | 0.567 | △0.404 | 1 | | |
| 所在階 | 0.496 | △0.310 | 0.747 | 1 | |
| 敷地持分狭小度 | △0.523 | 0.240 | △0.578 | △0.417 | 1 |

### 用語の説明

**決定係数**：1に近いほど説明変数が目的変数をうまく説明できていることを表す。

**自由度調整済決定係数**：決定係数は説明変数の個数を増やすと上昇する特性があるため、決定係数に説明変数の個数が増えたことによる影響を考慮したもの。

**総階数指数**：建物の総階数が乖離率に与える影響は青天井ではなく、一定の階数で頭打ちになると仮定し分析を行ったところ、良好な結果が得られたことから、「総階数÷33（1を超える場合は1とする。）」（33階で頭打ち）を総階数指数とした。

　　敷地持分狭小度：敷地利用権の面積（持分相当分）÷その建物の
　　　専有面積t-値：t-値の絶対値は、それぞれの説明変数が目的変
　　　数に与える影響度の強さを表す。
　　相関係数：縦軸項目と横軸項目の相関を表しておりその絶対値が
　　　1に近いほど相関が強いことを表す。

---

### 統計処理手順

① 　調査母集団は、平成30年中の全都道府県の中古マンションの
　取引。

② 　不動産移転登記情報と、所得税の確定申告書のうちマンション
　の譲渡所得の申告があるもののデータを突合。

③ 　異常値として明確な約500件（桁誤り、マンション敷地面積と
　してあり得ない数値のもの、譲渡価額200万円以下のものなど）
　をあらかじめ除外したもの（2,478件）をサンプルとして使用。

## 敷地持分の面積と乖離の関係

### 総階数別土地・建物比率（H30：中央値）

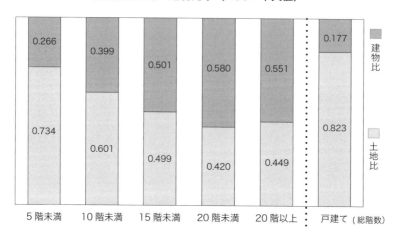

### 総階数別面積比（H30：中央値）

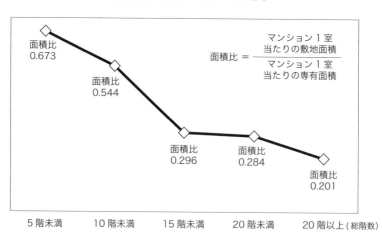

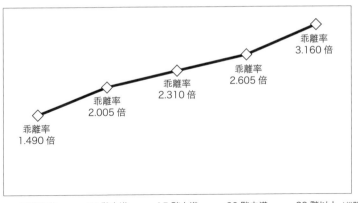

総階数別乖離率（H30：中央値）

乖離率
1.490 倍

乖離率
2.005 倍

乖離率
2.310 倍

乖離率
2.605 倍

乖離率
3.160 倍

5 階未満　　10 階未満　　15 階未満　　20 階未満　　20 階以上 (総階数)

- ・　マンション一室当たりの敷地利用権の評価は、基本的には敷地の総面積を、その一室の専有面積に応じて按分した（細分化）面積に基づいて評価するため、専有面積に比べて敷地利用権の面積が狭いと、立地条件の優劣が当該マンション一室の評価に十分に反映されていない可能性がある。
- ・　一戸建てに比して、マンションは全体の評価額に占める敷地（土地）部分の評価額のウェイトが低く、その傾向は総階数がより高層となるにつれ顕著。
- ・　面積ベース（専有面積に対する敷地利用権の面積の割合）で見ると、さらにその傾向は顕著。
- ・　その一方、乖離率は高層となるにつれ増加。
- ⇒　マンションは、<u>より高層（より高い容積率）となるにつれ、同程度の専有面積のマンション一室でも、その一室に当たる敷地利用権の面積が狭くなる結果、路線価（※）の水準に表されている立地条件が、評価額に反映されづらくなり、市場価格との乖離要因の一つとなっている</u>と考えられる。
- （※）　路線価は、各地域における容積率を考慮して評定されているものの、標準的な使用を前提としてるため、高層マンション（高度利用）の敷地としての水準からは乖離していることになる。

## 見直しの方向性

- ・ 市場価格と財産評価基本通達による評価額との乖離について、統計的分析に基づいて必要な補正を行う方向で検討してはどうか。

- ・ 上記の補正に当たっては、補正の程度について一戸建てとのバランスについても考慮するのが妥当ではないか。

- ・ マンション評価の見直し後において、マンションの市場価格が急落した場合の対応については、他の財産におけるこれまでの取扱いも踏まえた検討が必要ではないか。

## 第2回　マンションに係る財産評価基本通達に関する有識者会議 議事要旨

日時：令和5年6月1日（木）11：00 ～ 12：00
場所：WEB開催

　冒頭、座長について協議を行い、座長に吉田委員が就任した。
　事務局から、委員の異動について説明を行った（一般社団法人不動産協会の税制委員長交代に伴い、本有識者会議の委員についても星野氏から宇杉氏に交代。）。
　事務局から、配付資料に基づき説明を行い、その後、要旨以下のとおりご意見をいただいた。

○　マンション市場価格が急落した場合の対応を行う場合も、マンションだけを特別扱いする理由はなく、他の財産に係る従来からの取扱いと同様の対応を行う旨を明確にしていくべき。また、そうした対応は納税者に分かりやすいFAQ等の形で明示していくべき。

○　売買実例に基づき統計的手法を用いて評価していく場合には、流通性や価格形成要因等の点で分譲マンションとの類似性が認められるかに着目して、その具体的な適用対象の範囲・類型について定義していくべき。

○　市場売買価格に基づき評価する場合でも、足元のマンション市場は建築資材価格の高騰等による影響を排除しきれない現状にあり、そうした現状においては、コロナ禍以前の市場売買価格に基づき評価方法を定めることが妥当ではないか。

○　乖離の要因として考えられる数値を説明変数とした重回帰分析の結果に特段の問題点は認められないことから、この分析結果を用いて補正方法を検討していくべき。
　ただし、時価と相続税評価額との乖離の程度はマンション市場の状況により変化するため、今回の評価方法見直し後においても、見直し方法のアップデートをしていく必要があるのではないか。

(以上)

## 資料Ⅳ

> ### マンションに係る財産評価基本通達に関する有識者会議について（第3回）
>
> 令和5年6月30日<br>国　税　庁

1　概要

　相続税等（相続税・贈与税）における財産の価額は、相続税法第22条の規定により、「財産の取得の時における時価による」こととされており、これを受け、国税庁では財産評価基本通達に各種財産の具体的な評価方法を定めています。

　財産評価基本通達に定める評価方法については、相続税法の時価主義の下、より適正なものとなるよう見直しを行っているところですが、こうした中で、マンションの「相続税評価額」については、「時価（市場売買価格）」との大きな乖離が生じているケースも確認されています。

　また、令和5年度与党税制改正大綱（令和4年12月16日決定）に、「相続税におけるマンションの評価方法については、相続税法の時価主義の下、市場価格との乖離の実態を踏まえ、適正化を検討する。」旨が記載されました。

　そこで、マンションの相続税評価について、市場価格との乖離の実態を踏まえた上で適正化を検討するため、本年1月に有識者会議を設置したところですが、この度、第3回有識者会議を開催し、見直し案の要旨について有識者からご意見を頂きました。
今後、これを踏まえ、国税庁において通達案を作成し、意見公募手続を行う予定です。

2　開催日

　　令和5年6月22日（木）

資料

## 相続税評価額と市場価格の乖離の実態 （140～141頁）

## マンションの相続税評価の方法と乖離の要因分析

○現行のマンションの評価方法

　相続等で取得した財産の時価（マンション（一室）の評価額）は、不動産鑑定価格や売却価格が通常不明であることから、次の①と②の合計額としている（通達）。

①　建物（区分所有建物）の価額

　＝建物の固定資産税評価額×1.0

＋

②　敷地（敷地利用権）の価額

　＝敷地全体の面積×共有持分×平米単価（路線価等）

○　評価額が市場価格と乖離する主な要因

➤　建物の評価額は、再建築価格をベースに算定されている。他方、市場価格はそれに加えて建物の<u>総階数</u>、マンション一室の<u>所在階</u>も考慮されているほか、評価額への<u>築年数</u>の反映が不十分だと、評価額が市場価格に比べて低くなるケースがある（建物の効用の反映が不十分）。

➤　マンション一室を所有するための敷地利用権は、共有持分で按分した面積に平米単価を乗じて評価されるが、この面積は一般的に高層マンションほどより細分化され狭小となるため、このように<u>敷地持分が狭小</u>なケースは立地条件の良好な場所でも、評価額が市場価格に比べて低くなる（立地条件の反映が不十分）。

　相続税評価額が市場価格と乖離する要因となっている $\boxed{築年数}$ 、$\boxed{総階数（総階数指数）}$ 、$\boxed{所在階}$ 、$\boxed{敷地持分狭小度}$ の4つの指数に基づいて、評価額を補正する方向で通達の整備を行う。

　具体的には、これら4指数に基づき統計的手法により乖離率を予測し、その結果、評価額が市場価格理論値の60％（一戸建ての評価の現状を踏まえたもの）に達しない場合は60％に達するまで評価額を補正する。

## 評価方法の見直しのイメージ

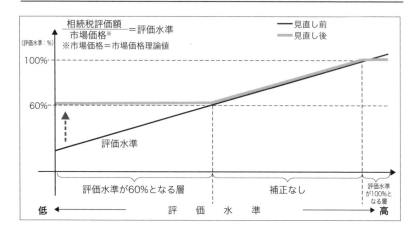

概　要

① 一戸建ての物件とのバランスも考慮して、相続税評価額が市場価格理論値の60%未満となっているもの（乖離率1.67倍を超えるもの）について、市場価格理論値の60%（乖離率1.67倍）になるよう評価額を補正する。

② 評価水準60%〜100%は補正しない（現行の相続税評価額×1.0）

③ 評価水準100%超のものは100%となるよう評価額を減額する。

（注1） 令和6年1月1日以後の相続等又は贈与により取得した財産に適用する。

（注2） 上記の評価方法の適用後も、最低評価水準と重回帰式については、固定資産税の評価の見直し時期に併せて、当該時期の直前における一戸建て及びマンション一室の取引事例の取引価格に基づいて見直すものとする。

また当該時期以外の時期においても、マンションに係る不動産価格指数等に照らし見直しの要否を検討するものとする。

## 相続税評価の見直し案（要旨）

1. 区分所有に係る財産の各部分（建物部分及び敷地利用権部分。ただし、構造上、居住の用途に供することができるものに限る。以下「マンション一室」という。）の価額は、次の算式により計算した価額によって評価することとする。

$$\underbrace{\substack{\text{現行の相続税} \\ \text{評価額}} \times \substack{\text{当該マンション一室の} \\ \text{評価乖離率}}}_{\text{(＝重回帰式による理論的な市場価格)}} \times \substack{\text{最低評価水準0.6} \\ \text{（定数）}}$$

(注1) 「マンション一室」には、総階数2階以下の物件に係る各部分及び区分所有されている居住用部分が3以下であって、かつ、その全てが親族の居住用である物件（いわゆる二世帯住宅等）に係る各部分は含まない。

(注2) 評価乖離率が0.6分の1以下（約1.67以下）となるマンション一室は現行の相続税評価額×1.0とする。

(注3) 評価乖離率が1.0未満となるマンション一室の評価額は次による。現行の相続税評価額×当該マンション一室の評価乖離率

(注4) 不動産鑑定評価書等に照らし評価額が通常の取引価額を上回ると認められる場合には、当該価額により評価する。

(注5) 令和6年1月1日以後の相続等又は贈与により取得した財産に適用する。

2. 上記の「評価乖離率」は、「① × △0.033 + ② × 0.239 + ③ × 0.018 + ④ × △1.195 + 3.220」により計算したものとする。

① : 当該マンション一室に係る建物の築年数

② : 当該マンション一室に係る建物の「総階数指数」として、「総階数÷33（1.0を超える場合は1.0）」

③ : 当該マンション一室の所在階

④ : 当該マンション一室の「敷地持分狭小度」として、「当該マンション一室に係る敷地利用権の面積÷当該マンション一室に係る専有面積」により計算した値

【参考】上記の算式は、次の（1）の目的変数と（2）の説明変数に基づく重回帰式である。

（1）目的変数　平成30年分のマンション一室の取引事例における取引価格÷当該マンション一室の相続税評価額

（2）説明変数　2.に掲げる算式における①、②、③、④

3. 上記の評価方法の適用後も、最低評価水準と重回帰式については、固定資産税の評価の見直し時期に併せて、当該時期の直前における一戸建て及びマンション一室の取引事例の取引価格に基づいて見直すものとする。

　　また、当該時期以外の時期においても、マンションに係る不動産価格指数等に照らし見直しの要否を検討するものとする。

　　加えて、マンション市場価格の大幅な下落その他見直し後の評価方法に反映されない事情が存することにより、当該評価方法に従って評価することが適当でないと認められる場合は、個別に課税時期における時価を鑑定評価その他合理的な方法により算定する旨を明確化する（他の財産の評価における財産評価基本通達6項に基づくこれまでの実務上の取扱いを適用。）

## 第3回　マンションに係る財産評価基本通達に関する有識者会議　議事要旨

日時：令和5年6月22日（木）11：00～12：00
場所：WEB開催

　事務局から、配付資料に基づき説明を行い、その後、要旨以下のとおりご意見を頂いた。

○　「時価」とは「客観的な交換価値」をいうものと解されている以上、財産の評価方法は互いに独立した当事者間で自由な取引が行われる市場で通常成立すると認められる売買実例価額によることが最も適当といえる。

　分譲マンションは流通性・市場性が高く、類似する物件の売買実例価額を多数把握することが可能であり、かつ価格形成要因が比較的に明確であることからすれば、それら要因を指数化して売買実例価額に基づき統計的に予測した市場価格を考慮して評価額を補正する方式が妥当といえる。

○　マンションの価格形成要因として重要なものの一つに、ロケーション（立地条件）がある。敷地利用権（規模）が狭小だと、ロケーションが考慮されている路線価が相続税評価額に反映されにくくなる点に着目して、その狭小度を指数化した上で統計的手法により補正する方式は、ロケーションを評価額に反映させる方法として合理的といえる。

○　敷地利用権の評価に用いる路線価等は売買実例価額に基づいて評定されてはいるものの、標準的な使用における更地の価格であり、高度利用されている高層マンションの敷地価格　水準から乖離する場合があるため、分譲マンションの売買実例価額に基づいた補正は建物部分だけでなく、敷地部分についても行う

必要がある。

○　評価額を補正する場合にも、理論的には土地と建物を分けてそれぞれについて補正する方法と、まとめて一体として補正する方法とがあり得るが、分譲マンションについては土地と建物の価格は一体で値決めされて取り引きされており、それぞれの売買実例価額を正確に把握することは困難であることや、重回帰式により算出される乖離率を土地と建物とに合理的に按分することも困難であることを考慮すると、土地と建物の双方を一体として捉えて補正することが合理的ではないか。

○　評価額と市場価格の乖離の要因としては4指数（築年数、総階数、所在階及び敷地持分狭小度）の他にもあり得るかもしれないが、申告納税制度の下で納税者の負担を考慮すると、納税者自身で容易に把握できる情報を使用する指数である必要がある。この点、これら4指数は定量的に捉えることができ、納税者自身が容易に把握可能なものであることに加え、特に影響度が大きい要因でもあることから、これら4指数により乖離を補正することが妥当ではないか。

○　納税者の申告上の利便性を考えると、国税庁ホームページ等において、4指数の基となる計数を入力すると補正率や評価額が自動計算されるツールが提供されるとよいのではないか。

○　分譲マンションの流通性・市場性の高さに鑑み、その価格形成要因に着目して、売買実例価額に基づく評価額の補正の仕組みを導入するのであれば、その対象となる不動産は流通性や価格形成要因の点で分譲マンションに類似するものに限定すべき。その点、二世帯住宅や低層の集合住宅、事業用のテナント物件などは市場も異なり売買実例に乏しいことからすれば、対象外とすることが妥当ではないか。

　他方で、一棟全体について全戸を区分所有しているようなケー

スでは、一戸一戸を切り売りすることができる点で一戸単位で取引される分譲マンションと同様の高い流通性が認められるので、見直しの対象とすべきではないか。

○　一戸建てにおける乖離も考慮して、市場価格の60％を最低評価水準とすることは、分譲マンションと一戸建てとの選択におけるバイアスを排除しつつ、評価額の急激な引上げを回避する観点を考慮したものといえるのではないか。

○　コロナ禍等より前の時期として平成30年分の売買実例価額を用いることは、足元のマンション市場は、建築資材価格の高騰等による影響を排除しきれない現状にあることにも鑑みたものといえるのではないか。

○　今後のマンション市況の変化には適切に対応していく必要があるので、新しい評価方法が適用された後においても、重回帰式の数値等については定期的に実態調査を行い、適切に見直しを行うべきではないか。

（以上）

---
◆ 著者略歴 ◆
---

## 今仲　清〔いまなか・きよし〕　税理士

　1984 年、今仲清税理士事務所開業。1988 年、（有）経営サポートシステムズ設立、代表取締役就任。現在は株式会社に変更。2013 年、税理士法人今仲清事務所設立、代表社員に就任。現在、不動産有効活用・相続対策の実践活動を指揮しつつ、セミナー講師として年間 100 回にものぼる講演を行っている。

　（一財）都市農地活用支援センターアドバイザー。（公財）区画整理促進機構派遣専門家。事業承継協議会事業承継税制検討委員会委員。

### 〈主著〉

『一問一答　新しい都市農地制度と税務─生産緑地の 2022 年問題への処方箋─』共著『平成 30 年度改正対応　特例事業承継税制徹底活用マニュアル』『書類準備・手続のフローがすぐ分かる！　相続税の申告書作成ガイドブック』『生前から備える財産承継・遺言書作成マニュアル』『同族会社の新会社法制・新税制対応マニュアル』（以上、ぎょうせい）、『新時代の事業承継』共著『図解　都市農地の特例活用と相続対策』共著（以上、清文社）、『病院・診療所の相続・承継をめぐる法務と税務』共著（新日本法規出版）、『相続税の申告と書面添付』共著『2019 年版　すぐわかる　よくわかる　税制改正のポイント』共著『中小企業の経営承継戦略』共著（以上、TKC 出版）

---

### 税理士法人 今仲清事務所／㈱経営サポートシステムズ

〒591-8025　大阪府堺市北区長曽根町 3077 番地 3
ホームページ　https://www.imanaka-kaikei.co.jp

新通達対応
## 所有タイプ別　相続税・マンション評価の実務

令和5年11月30日　第1刷発行

　　　著　者　今仲　清

　　　発　行　株式会社**ぎょうせい**

　　　　　　　〒136-8575　東京都江東区新木場1-18-11
　　　　　　　URL：https://gyosei.jp

　　　　　　　フリーコール　0120-953-431
　　　　　　　ぎょうせい　お問い合わせ　検索　https://gyosei.jp/inquiry/

〈検印省略〉

印刷　ぎょうせいデジタル株式会社

ISBN978-4-324-11358-5
(5108916-00-000)
〔略号：相続マンション〕